Liridona Bajrami

Was ist deine Lebenszahl

Oder bist du eine Meisterzahl?

Was ist deine Lebenszahl
Oder bist du eine Meisterzahl?

Liridona Bajrami

Bibliografische Information der Deutschen Nationalbibliothek:
Die Deutsche Nationalbibliothek verzeichnet diese Publikation
in der Deutschen Nationalbibliografie; detaillierte
bibliografische Daten sind im Internet über http://dnb.dnb.de
abrufbar.

Lektorat: Liridona Bajrami
Korrektorat: Liridona Bajrami

Verlag: BoD · Books on Demand GmbH, In de Tarpen 42,
22848 Norderstedt, bod@bod.de

Druck: Libri Plureos GmbH, Friedensallee 273, 22763 Hamburg
ISBN: 978-3-7693-2756-4

Inhaltsverzeichnis

Was ist eine Lebenszahl oder eine Meisterzahl?

Der Ursprung der Numerologie reicht weit zurück in die Geschichte und ist mit verschiedenen Kulturen und Philosophien verbunden.

Die Numerologie ist also ein vielschichtiges System, das aus verschiedenen Kulturen und philosophischen Traditionen hervorgegangen ist. Heute wird sie oft als Werkzeug zur Selbstreflexion und zur Erkundung von Persönlichkeitsmerkmalen und Lebenswegen genutzt.

Die Geschichte der Numerologie ist eine spannende Reise durch die Zeit, in der Zahlen zu mehr als nur Werkzeugen des Zählens wurden. Sie sind zum Symbol für tiefe spirituelle und philosophische Konzepte avanciert, die in verschiedenen Kulturen und Epochen eine bedeutende Rolle spielten.

Bereits in den alten Zivilisationen wie Babylon und Ägypten erkannten Menschen die Bedeutung von Zahlen in ihrem täglichen Leben und in ihren religiösen Praktiken. Die Pythagoreische Schule des antiken Griechenlands brachte dann eine systematische Betrachtung der Zahlen hervor, die deren Eigenschaften und Einfluss auf das menschliche Schicksal untersuchte.

Mit der Entwicklung der Kabbala im Judentum und der Wiederbelebung esoterischer Praktiken im
19. und 20. Jahrhundert fand die Numerologie neue Ausdrucksformen und Anwendungen.

Sie wird heute oft als Werkzeug zur Selbstentdeckung und zur Analyse von Lebenszyklen, Charaktereigenschaften und Beziehungen betrachtet. Diese vielschichtige Geschichte verdeutlicht, wie tief verwurzelt das Streben nach Verständnis und Bedeutung in der menschlichen Natur ist und wie Zahlen als Schlüssel zu den Geheimnissen des Lebens interpretiert werden können. In den folgenden Abschnitten werden wir die verschiedenen kulturellen und historischen Wurzeln der Numerologie detaillierter erkunden.

Altes Babylon

Die babylonische Zivilisation, die etwa 3000 v. Chr. im heutigen Irak entstand, war bekannt für ihre fortschrittlichen mathematischen und astronomischen Kenntnisse. Die Babylonier verwendeten ein Sexagesimalsystem **Basis 60**, das bis heute in unserer Messung von Zeit **60 Sekunden**, **60 Minuten** und in Winkeln **360 Grad** Einfluss hat.

In der babylonischen Astronomie wurden Zahlen verwendet, um die Bewegungen der Planeten und Sterne zu berechnen, was bedeutete, dass sie eine tiefere Verbindung zwischen Zahlen und dem Universum suchten. Sie glaubten, dass bestimmte Zahlen eine direkte Beziehung zu den Göttern hatten und dass diese Zahlen die Schicksale der Menschen beeinflussen konnten. Diese frühen numerologischen Ideen legten den Grundstein für die spätere Entwicklung der Numerologie.

Ägypten

Die alten Ägypter betrachteten Zahlen als eine Möglichkeit, die göttliche Ordnung und Harmonie im Universum darzustellen. Sie verwendeten Zahlen in ihrer Architektur, insbesondere beim Bau der Pyramiden, um geometrische und mathematische Prinzipien auszudrücken, die sie für wichtig hielten.

Die ägyptische Religion war stark von der Symbolik geprägt, und Zahlen hatten oft duale Bedeutungen. Zum Beispiel wurde die Zahl 7 oft mit Vollkommenheit und der Zahl 3 mit dem Göttlichen assoziiert. Ägyptische Priester und Astronomen benutzten Zahlen, um kosmische Zyklen und natürliche Phänomene zu erklären, was die Vorstellung untermauerte, dass Zahlen eine tiefere, spirituelle Bedeutung haben.

Pythagoreische Schule

Pythagoras, der im 6. Jahrhundert v. Chr. lebte, gilt als einer der Begründer der Numerologie im Sinne, wie wir sie heute kennen. Er und seine Schüler, die Pythagoreer, glaubten, dass alles im Universum durch Zahlen und mathematische Verhältnisse erklärbar sei.

Neben der Mathematik war die pythagoreische Schule auch eine philosophische Gemeinschaft. Die Pythagoreer lebten nach bestimmten ethischen und spirituellen Prinzipien, darunter die Reinheit des Lebens und die Vorstellung von der Seelenwanderung **Metempsychose**. Sie führten ein gemeinschaftliches Leben und hatten strenge Regeln für ihre Mitglieder.

Die Pythagoreer entwickelten ein System, das Zahlen nicht nur als quantitative Werte betrachtete, sondern auch als Träger von Qualitäten und Eigenschaften. Sie ordneten Zahlen spezifische Bedeutungen zu:

1 steht für Einheit und Individualität.

2 symbolisiert Dualität und Partnerschaft.

3 repräsentiert Kreativität und Ausdruck.

4 steht für Stabilität und Struktur.

5 ist mit Freiheit und Veränderung verbunden.

6 symbolisiert Harmonie und Balance.

7 gilt oft als die mystische oder spirituelle Zahl.

8 steht für Macht und Erfolg.

9 ist mit Humanität und Idealismus verbunden.

Die Meisterzahl **11** symbolisiert Intuition, spirituelle Einsicht und die Fähigkeit, durch kreative Inspiration andere zu führen.

Die Meisterzahl **22** steht für meisterhafte Fähigkeiten, um große Visionen in die Realität umzusetzen und komplexe Projekte effektiv zu gestalten.

Die Meisterzahl **33** wird als „Meisterlehrer" angesehen, die für bedingungslose Liebe, Mitgefühl und die Fähigkeit steht, andere auf ihrem spirituellen Weg zu unterstützen.

Die Meisterzahl **44** wird als „Macht und Erfolg" angesehen, eine Kombination aus Kraft, Stabilität und der Fähigkeit, sowohl materielle als auch spirituelle Ziele zu erreichen.

Diese numerologischen Prinzipien wurden von Pythagoras und seinen Nachfolgern in verschiedene Bereiche wie Musik, Geometrie und Astronomie angewandt, was die Idee verstärkte, dass Zahlen eine tiefere Bedeutung haben.

Judentum und Kabbala

In der jüdischen Mystik, insbesondere in der Kabbala, spielt die Zahlensymbolik eine zentrale Rolle. Die Kabbala ist eine esoterische Tradition, die sich mit den spirituellen Geheimnissen des Universums befasst.

Ein zentrales Konzept in der Kabbala ist die Gematrie, bei dem Buchstaben des hebräischen Alphabets numerischen Werten zugeordnet werden. Durch die Addition der Werte von Wörtern oder Phrasen können tiefere Bedeutungen und Zusammenhänge entdeckt werden.

Zum Beispiel hat das hebräische Wort für "Licht" den gleichen numerischen Wert wie das Wort für "Gut", was es den Kabbalisten ermöglicht, Verbindungen zwischen verschiedenen Konzepten herzustellen.

Die Kabbala bietet auch eine symbolische Interpretation der Schöpfung und der Beziehung zwischen Gott und der Menschheit, wobei Zahlen als Schlüssel zur Entschlüsselung dieser Geheimnisse angesehen werden.

Westliche Esoterik

Im 19. und 20. Jahrhundert erlebte die Numerologie eine Wiederbelebung, als sie von verschiedenen spirituellen Lehrern und Autoren populär gemacht wurde. Diese Zeit war geprägt von einem zunehmenden Interesse an Esoterik, Okkultismus und alternativen spirituellen Praktiken.

Ein wichtiger Einfluss war die Theosophie, eine religiös-philosophische Bewegung, die Elemente aus verschiedenen spirituellen Traditionen miteinander verband. Theosophen und andere esoterische Denker begannen, die Prinzipien der Numerologie zu verbreiten und sie in ihre Lehren zu integrieren.

In dieser Zeit wurden auch Bücher und Schriften veröffentlicht, die sich mit der Numerologie beschäftigten, was dazu führte, dass eine breitere Öffentlichkeit Interesse an dieser Praxis entwickelte. Die Numerologie wurde oft als Werkzeug zur Selbstreflexion, zur Analyse von Beziehungen und zur Erkundung des Lebenswegs verwendet.

Insgesamt zeigt die Entwicklung der Numerologie, wie Zahlen über die Jahrhunderte hinweg als Träger von Bedeutungen und Symbolen betrachtet wurden und wie sie in verschiedenen Kulturen und spirituellen Traditionen eine Rolle spielten.

Wie berechne ich meine Lebenszahl oder Meisterzahl?

Die Lebenszahl, auch als Schicksalszahl oder Lebenspfadnummer bezeichnet, wird häufig in der Numerologie verwendet, um Einsichten über die Persönlichkeit und den Lebensweg zu gewinnen. Um deine Lebenszahl zu berechnen, folgst du diesen Schritten:

1. Geburtsdatum aufschlüsseln:
Schreibe dein Geburtsdatum in der Form TT.MM.JJJJ. Zum Beispiel: **15.07.1990**.

2. Einzelne Ziffern addieren:
Addiere die Ziffern deines Geburtsdatums.
Beispiel:

Tag: 1 + 5 = 6

Monat: 0 + 7 = 7

Jahr: 1 + 9 + 9 + 0 = 19 (1 + 9 = 10, 1 + 0 = 1; also 1 + 9 = 10, 1 = 1 + 0 = 1) Das Jahr ergibt also 1.

3. Alle Ergebnisse zusammenfassen:
Addiere die Ergebnisse der einzelnen Teile:
  - **6** (Tag) + **7** (Monat) + **1** (Jahr) = **14**

4. Reduzieren:

Reduziere die Summe auf eine einstellige Zahl oder eine Meisterzahl (11, 22, 33, 44)

In unserem Beispiel:

1 + 4 = 5

Die Lebenszahl für das Beispiel 15.07.1990 wäre 5.

Meisterzahlen:

Wenn das Ergebnis 11, 22, 33 oder 44 ist, gilt dies als Meisterzahl und wird in der Regel nicht weiter reduziert.

Beispiel:

Geburtsdatum: **28.08.1991**

Tag: 2 + 8 = 10 = 1

Monat: 0 + 8 = 8

Jahr: 1 + 9 + 9 + 1 = 20 = 2

Tag + Monat + Jahr = 1 + 8 + 2 = **11**

Es ist wichtig zu beachten, dass die Numerologie nicht wissenschaftlich belegt ist und oft als spirituelle oder esoterische Praxis betrachtet wird.

Die Magie der Zahlen

Wusstest du, dass dein Name in der Numerologie eine besondere Bedeutung hat? Durch die Umwandlung der Buchstaben deines Namens in Zahlen kannst du tiefere Einblicke in deine Persönlichkeit und Lebensziele gewinnen. Numerologie ist eine faszinierende Methode, um die energetischen Schwingungen von Namen und Wörtern zu verstehen.

Nehmen wir als Beispiel meinen Namen "Liridona". Um die numerologischen Bedeutung zu ermitteln, wandeln wir die Buchstaben in ihre entsprechenden Zahlen um und addieren sie, um eine endgültige Zahl zu erhalten. Diese Zahl kann dir helfen, deine einzigartigen Eigenschaften und Talente zu erkennen.

Hier ist die Tabelle des Alphabets mit den entsprechenden Zahlen:

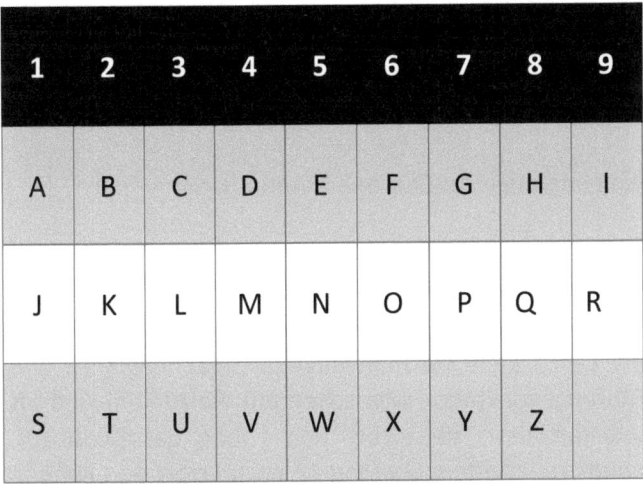

1	2	3	4	5	6	7	8	9
A	B	C	D	E	F	G	H	I
J	K	L	M	N	O	P	Q	R
S	T	U	V	W	X	Y	Z	

Berechnung des Namens "Liridona"

Jetzt berechnen wir den Namen "Liridona":

- L = 3
- I = 9
- R = 9
- I = 9
- D = 4
- O = 6
- N = 5
- A = 1

Jetzt addieren wir die Werte:

$3 + 9 + 9 + 9 + 4 + 6 + 5 + 1 = \textbf{46}$

Da 46 eine zweistellige Zahl ist, reduzieren wir sie weiter:

$4 + 6 = 10 \rightarrow 1 + 0 = \textbf{1}$

Die endgültige Zahl für den Namen "Liridona" ist 1.

Bedeutung der Zahl 1 in der Numerologie

Die Zahl 1 steht für Individualität, Unabhängigkeit und Führungsqualitäten. Menschen mit dieser Zahl sind oft selbstbewusst, zielstrebig und haben das Bedürfnis, Neues zu schaffen. Sie streben nach Erfolg und können oft als Pioniere in ihrem Tätigkeitsfeld auftreten.

Nachdem wir bereits die faszinierenden Eigenschaften des Namens "Liridona" entdeckt haben, wollen wir nun einen Blick auf den Nachnamen "Bajrami" werfen. Die Numerologie ermöglicht uns, die einzigartigen Eigenschaften und energetischen Schwingungen, die mit diesem Namen verbunden sind, zu verstehen. Lass uns die Buchstaben von "Bajrami" in Zahlen umwandeln und herausfinden, was wir daraus lernen können.

Für den Nachnamen "Bajrami" verwenden wir die folgende Zuordnung der Buchstaben zu Zahlen:

- B = 2
- A = 1
- J = 1
- R = 9
- A = 1
- M = 4
- I = 9

Jetzt addieren wir die Werte:

2 (B) + 1 (A) + 1 (J) + 9 (R) + 1 (A) + 4 (M) + 9 (I) = **27**

Da 27 eine zweistellige Zahl ist, reduzieren wir sie weiter:

2 + 7 = **9**

Bedeutung der Zahl 9 in der Numerologie

Die Zahl 9 ist eine kraftvolle Zahl, die für Humanität, Mitgefühl und universelle Liebe steht. Menschen, die mit dieser Zahl verbunden sind, haben oft eine tiefe emotionale Intelligenz und ein starkes Bedürfnis, anderen zu helfen. Sie neigen dazu, idealistisch und altruistisch zu sein und haben oft eine Vision für eine bessere Welt.

Gesamte numerologischen Bedeutung von "Liridona Bajrami"

Jetzt haben wir die Werte für beide Namen:

- "Liridona" ergibt die Zahl **1**.
- "Bajrami" ergibt die Zahl **9**.

Wenn man die beiden Namen zusammen betrachtet, kann man auch die Zahlen addieren:

$1 + 9 = 10 \rightarrow 1 + 0 = \mathbf{1}$

Also ergeben sich aus meinem Namen die Zahlen 1, 9 und 1.

Bedeutung der Zahlen

Die Kombination des Namens "Liridona Bajrami" ergibt eine starke numerologischen Energie, die sowohl Individualität und Führungsqualitäten die Nummer **1** als auch Mitgefühl und humanitäres Engagement der Nummer **9** umfasst. Diese Eigenschaften können eine kraftvolle Grundlage für persönliche und berufliche Erfolge darstellen.

Jetzt, da wir die Namen "Liridona" und "Bajrami" analysiert haben, ergeben sich insgesamt drei bedeutende Zahlen, jetzt nimm deinen Vornamen, Nachnamen und Geburtstag und finde deine Zahlen, die dich auf deinem Lebensweg begleiten.

Diese Zahlen sind nicht nur einfache Ziffern; sie repräsentieren tiefere Aspekte deiner Persönlichkeit, deiner Lebensziele und der Herausforderungen, die du überwinden kannst. Jede Zahl erzählt eine eigene Geschichte und bietet dir wertvolle Einblicke in deine Stärken und Schwächen.

Die Zahl aus deinem Vornamen: Sie spiegelt deine innere Natur und deine einzigartigen Talente wider.

Die Zahl aus deinem Nachnamen: Sie zeigt, wie du in der Welt agierst und welche Werte dir wichtig sind.

Die Lebenszahl: Diese Zahl offenbart deine Lebensaufgaben und die Richtung, die du in diesem Leben einschlagen solltest.

Die Meisterzahl (falls vorhanden): Sie symbolisiert besondere spirituelle Lektionen und Herausforderungen, die dich auf deinem Weg zur Selbstverwirklichung unterstützen.

Diese vier Zahlen sind wie Wegweiser, die dir helfen können, deine Reise besser zu verstehen und dein volles Potenzial auszuschöpfen. Sie bieten dir eine tiefere Einsicht in deine Persönlichkeit und zeigen dir, wie du deine Herausforderungen angehen und deine Stärken nutzen kannst, um deine Träume zu verwirklichen.

Im kommenden Kapitel werde ich auf die Lebezahlen 1-9 und Meisterzahlen 11, 22, 33 und 44 eingehen. Lass uns gemeinsam die faszinierende Welt der Numerologie weiter erkunden und herausfinden, wie diese Zahlen dir helfen können, deine Bestimmung zu finden und dein inneres Potenzial zu entfalten.

Mach dich bereit für eine Reise der Selbstentdeckung, die dir nicht nur Klarheit und Motivation bringen wird, sondern auch die Werkzeuge, die du benötigst, um dein Leben in die gewünschte Richtung zu lenken. Deine Zahlen warten darauf, von dir entdeckt zu werden!

1 - Die Zahl des Neuanfangs

Die Eins steht für Individualität, Unabhängigkeit und den Beginn neuer Abenteuer. Sie symbolisiert das Streben nach Selbstverwirklichung und die Kraft, die eigenen Ziele zu erreichen.

In der Numerologie symbolisiert die Zahl 1 den Anfang, die Individualität und die Führungsqualität. Sie steht für Unabhängigkeit, Selbstvertrauen und den Drang, neue Wege zu gehen. Menschen, die mit dieser Zahl verbunden sind, haben oft eine starke Persönlichkeit und sind bestrebt, ihre Ziele zu erreichen.

Frauen mit der Zahl 1 sind oft starke und selbstbewusste Persönlichkeiten. Sie zeigen eine natürliche Führungsstärke und haben die Fähigkeit, andere zu inspirieren. Ihre Unabhängigkeit ermöglicht es ihnen, ihre eigenen Entscheidungen zu treffen und für sich selbst einzustehen. Oft sind sie kreative Denker und haben eine ausgeprägte Vorstellungskraft.

Männer, die mit der Zahl 1 verbunden sind, sind in der Regel durchsetzungsfähig und zielstrebig. Sie streben nach Erfolg und sind bereit, hart dafür zu arbeiten. Ihre Unabhängigkeit und ihr Selbstbewusstsein machen sie oft zu natürlichen Anführern. Sie besitzen die Fähigkeit, andere zu motivieren und zu führen, und sind häufig sehr kreativ in ihrem Denken und Handeln.

Lebensweg

Der Lebensweg der Zahl 1 ist geprägt von der Suche nach Individualität und Selbstverwirklichung. Menschen auf diesem Lebensweg streben danach, ihre eigenen Träume zu verwirklichen und ihre einzigartigen Talente zu entfalten. Sie sind oft Pioniere, die bereit sind, neue Wege zu beschreiten, und haben eine starke innere Motivation, ihre Ziele zu erreichen.

Partnerschaft

In Beziehungen sind Personen mit der Zahl 1 oft unabhängig, was sowohl positiv als auch herausfordernd sein kann. Sie schätzen ihre Freiheit und Autonomie, was bedeutet, dass sie Partner suchen, die diese Eigenschaften respektieren. Sie sind loyal und ehrlich, erwarten jedoch auch von ihrem Partner, dass er stark und selbstbewusst ist.

Familie/Liebe

Familienmitglieder mit der Zahl 1 sind oft Beschützer und Anführer. Sie nehmen in der Familie eine aktive Rolle ein und sind bereit, Verantwortung zu übernehmen. In der Liebe sind sie leidenschaftlich und engagiert, suchen jedoch auch nach Gleichgewicht zwischen Nähe und Unabhängigkeit.

Karriere

In der Berufswelt sind Menschen mit der Zahl 1 oft erfolgreiche Führungspersönlichkeiten. Sie haben eine starke Vision und sind in der Lage, innovative Ideen zu entwickeln. Ihre Unabhängigkeit und Durchsetzungsfähigkeit helfen ihnen, in Wettbewerbsumfeldern zu bestehen und ihre Karriereziele zu erreichen. Sie sind oft in Berufen zu finden, in denen sie ihre Führungsqualitäten entfalten können.

Herausforderungen

Die größte Herausforderung für Menschen mit der Zahl 1 besteht darin, die Balance zwischen Unabhängigkeit und zwischenmenschlichen Beziehungen zu finden. Ihre Neigung zur Impulsivität kann manchmal zu Schwierigkeiten führen, insbesondere in Beziehungen. Auch das Streben nach Perfektion kann sie unter Druck setzen und zu Frustrationen führen.

Schattenseiten

Die Schattenseiten der Zahl 1 können Egoismus, Dominanz und Schwierigkeiten im Umgang mit anderen sein. Diese Personen können manchmal intolerant gegenüber anderen Meinungen oder Lebensweisen sein und neigen dazu, ihre eigenen Bedürfnisse über die der anderen zu stellen. Diese Eigenschaften können zu Konflikten in Beziehungen führen.

Spirituell

Spirituell gesehen streben Menschen mit der Zahl 1 danach, ihre eigene Identität und ihren Platz im Universum zu finden. Sie sind oft auf der Suche nach innerer Erfüllung und persönlichem Wachstum. Ihre Unabhängigkeit kann sie dazu bringen, ihren eigenen spirituellen Weg zu gehen und ihre eigenen Überzeugungen zu entwickeln.

Herzenswunsch und Seelenpfad

Der Herzenswunsch eines Menschen mit der Zahl 1 ist es, seine Individualität zu leben und seine Träume zu verwirklichen. Sie streben danach, andere zu inspirieren und eine positive Wirkung auf die Welt zu haben. Ihr Seelenpfad führt sie dazu, ihre eigenen Talente zu entdecken und zu nutzen, um ihre einzigartigen Ziele zu erreichen.

Schlüssel zum Glück und Erfolg

Der Schlüssel zum Glück und Erfolg für Menschen mit der Zahl 1 liegt in der Selbstakzeptanz und der Fähigkeit, ihre Unabhängigkeit mit gesunden Beziehungen zu verbinden. Indem sie lernen, auf andere zuzugehen und ihre Führungsqualitäten auf eine unterstützende Weise einzusetzen, können sie sowohl persönliche als auch berufliche Erfüllung finden.

Talent und Fähigkeiten

Menschen mit der Zahl 1 verfügen oft über starke kreative Fähigkeiten und eine ausgeprägte Problemlösungskompetenz. Sie sind innovativ und denken oft außerhalb der Norm. Ihre Fähigkeit, andere zu motivieren und zu führen, macht sie zu wertvollen Teammitgliedern und Führungspersönlichkeiten.

Stärken

Selbstbewusstsein: Sie treten selbstsicher auf und haben Vertrauen in ihre Fähigkeiten.

Führungsqualität: Sie sind natürliche Anführer und inspirieren andere.

Kreativität: Sie haben eine ausgeprägte Vorstellungskraft und innovative Ideen.

Zielstrebigkeit: Sie setzen sich klare Ziele und arbeiten hart, um diese zu erreichen.

Schwächen

Egoismus: Manchmal können sie zu selbstbezogen sein.

Dominanz: Ihr Bedürfnis nach Kontrolle kann andere einschüchtern.

Impulsivität: Sie handeln manchmal, ohne nachzudenken, was zu Problemen führen kann.

Schwierigkeiten mit Nähe: Ihre Unabhängigkeit kann sie davon abhalten, enge Beziehungen zu entwickeln.

Die Zahl 1 in der Numerologie steht für Individualität, Führung und kreative Energie. Menschen mit dieser Zahl sind oft Pioniere, die bestrebt sind, ihre eigenen Wege zu gehen und ihre Träume zu verwirklichen. Während sie viele Stärken haben, können auch Herausforderungen und Schattenseiten auftreten. Indem sie lernen, ihre Unabhängigkeit mit zwischenmenschlichen Beziehungen zu balancieren, können sie ein erfülltes und erfolgreiches Leben führen.

2 - Die Zahl der Dualität

Die Zwei repräsentiert Partnerschaft, Harmonie und Balance. Sie erinnert uns an die Bedeutung von Beziehungen und die Notwendigkeit, Kompromisse einzugehen, um Frieden zu schaffen.

In der Numerologie symbolisiert die Zahl 2 Harmonie, Zusammenarbeit und Sensibilität. Sie steht für Beziehungen, Diplomatie und die Fähigkeit, Kompromisse einzugehen. Menschen, die mit dieser Zahl verbunden sind, haben oft ein starkes Bedürfnis nach Frieden und Stabilität in ihrem Leben.

Frau

Frauen mit der Zahl 2 sind oft sehr einfühlsam und intuitiv. Sie zeigen eine natürliche Fähigkeit, die Emotionen anderer zu verstehen und auf sie einzugehen. Ihre Sensibilität und Fürsorglichkeit machen sie zu großartigen Freundinnen und Partnerinnen. Sie streben nach Balance und Harmonie in ihrem Leben und in ihren Beziehungen.

Mann

Männer, die mit der Zahl 2 verbunden sind, sind in der Regel diplomatisch und kooperativ. Sie haben ein starkes Bedürfnis nach Harmonie und sind oft bereit, Konflikte zu lösen und Kompromisse einzugehen. Ihre Sensibilität ermöglicht es ihnen, die Bedürfnisse anderer zu erkennen, und sie sind oft sehr loyal und unterstützend.

Lebensweg

Der Lebensweg der Zahl 2 ist geprägt von der Suche nach Harmonie und Zusammenarbeit. Menschen auf diesem Lebensweg sind oft bestrebt, Frieden in ihrem Umfeld zu schaffen und die Beziehungen zu anderen zu fördern. Sie haben die Fähigkeit, gut zuzuhören und andere zu unterstützen, was sie zu wertvollen Freunden und Partnern macht.

Partnerschaft

In Beziehungen sind Personen mit der Zahl 2 oft liebevoll, unterstützend und verständnisvoll. Sie legen großen Wert auf emotionale Verbindung und Kommunikation. Ihre Fähigkeit, Kompromisse einzugehen und die Bedürfnisse ihres Partners zu berücksichtigen, trägt zu stabilen und harmonischen Beziehungen bei.

Familie/Liebe

Familienmitglieder mit der Zahl 2 sind oft die Friedensstifter in ihrer Familie. Sie zeigen viel Fürsorge und Verständnis gegenüber ihren Angehörigen und sind bereit, zu helfen, wo sie können. In der Liebe suchen sie nach tiefer emotionaler Verbindung und sind bereit, für ihre Beziehungen zu kämpfen und sie zu pflegen.

Karriere

In der Berufswelt sind Menschen mit der Zahl 2 oft in Positionen zu finden, die Zusammenarbeit und Teamarbeit erfordern. Sie sind großartige Mediatoren und können gut mit anderen kommunizieren. Ihre Fähigkeit, Konflikte zu lösen und auf die Bedürfnisse anderer einzugehen, macht sie zu wertvollen Mitgliedern in jedem Team.

Herausforderungen

Die größte Herausforderung für Menschen mit der Zahl 2 besteht darin, ihre eigenen Bedürfnisse nicht zugunsten anderer zu vernachlässigen. Sie können dazu neigen, sich zu sehr auf die Emotionen anderer zu konzentrieren und dabei ihre eigenen Gefühle und Wünsche zu ignorieren. Auch die Angst vor Konflikten kann sie daran hindern, ihre Meinung offen zu äußern.

Schattenseiten

Die Schattenseiten der Zahl 2 können Unsicherheit, Abhängigkeit und Schwierigkeiten bei der Entscheidungsfindung sein. Menschen mit dieser Zahl können manchmal dazu neigen, sich in Beziehungen zu verlieren und ihre Identität aufzugeben. Ihre Sensibilität kann sie auch anfällig für emotionale Verletzungen machen.

Spirituell

Spirituell gesehen streben Menschen mit der Zahl 2 nach innerem Frieden und Harmonie. Sie sind oft auf der Suche nach einer tieferen Verbindung zu sich selbst und zu anderen. Ihre Sensibilität ermöglicht es ihnen, die spirituelle Dimension des Lebens zu erkennen und zu schätzen.

Herzenswunsch und Seelenpfad

Der Herzenswunsch einer Person mit der Zahl 2 ist es, Frieden, Liebe und Harmonie in ihrem Leben und in den Beziehungen zu anderen zu finden. Ihr Seelenpfad führt sie dazu, Empathie und Verständnis zu entwickeln und eine positive Ausstrahlung auf ihre Umgebung zu haben.

Schlüssel zum Glück und Erfolg

Der Schlüssel zum Glück und Erfolg für Menschen mit der Zahl 2 liegt in der Selbstakzeptanz und dem Mut, ihre eigenen Bedürfnisse zu kommunizieren. Indem sie lernen, eine Balance zwischen Geben und Nehmen zu finden, können sie erfüllte Beziehungen aufbauen und ihr eigenes Wohlbefinden steigern.

Talent und Fähigkeiten

Menschen mit der Zahl 2 verfügen oft über starke zwischenmenschliche Fähigkeiten und eine ausgeprägte Empathie. Sie sind gute Zuhörer und haben ein Talent dafür, andere zu unterstützen und zu ermutigen. Ihre Diplomatie und Sensibilität machen sie zu ausgezeichneten Vermittlern.

Stärken

Empathie: Sie haben ein tiefes Verständnis für die Emotionen anderer.

Diplomatie: Sie sind in der Lage, Konflikte zu lösen und Kompromisse zu finden.

Teamfähigkeit: Sie arbeiten gut mit anderen zusammen und fördern die Zusammenarbeit.

Loyalität: Sie sind treue Freunde und Partner, die immer für ihre Lieben da sind.

Schwächen

Unsicherheit: Sie können dazu neigen, sich unsicher zu fühlen und Schwierigkeiten haben, Entscheidungen zu treffen.

Abhängigkeit: Ihre Tendenz, sich auf andere zu verlassen, kann ihre Unabhängigkeit beeinträchtigen.

Überanpassung: Sie können sich zu sehr anpassen und dabei ihre eigenen Bedürfnisse und Wünsche vernachlässigen.

Angst vor Konflikten: Ihre Scheu vor Konflikten kann sie daran hindern, ihre Meinung offen zu äußern.

Die Zahl 2 in der Numerologie steht für Harmonie, Zusammenarbeit und Sensibilität. Menschen mit dieser Zahl sind oft empathisch und diplomatisch, was sie zu wertvollen Freunden und Partnern macht. Während sie viele Stärken haben, können auch Herausforderungen und Schattenseiten auftreten. Indem sie lernen, ihre eigenen Bedürfnisse zu erkennen und auszudrücken, können sie erfüllte und harmonische Beziehungen führen und ihr volles Potenzial entfalten.

3 - Die Zahl der Kreativität

Die Drei ist ein Symbol für Kreativität, Ausdruck und Freude. Sie ermutigt uns, unser volles Potenzial auszuschöpfen und unsere Ideen mit der Welt zu teilen.

Sie steht für Lebensfreude, Optimismus und die Fähigkeit, sich auf verschiedene Weisen auszudrücken. Menschen, die mit dieser Zahl verbunden sind, sind oft gesellig und haben ein Talent dafür, andere zu inspirieren und zu unterhalten.

Frau

Frauen mit der Zahl 3 sind oft lebhaft, charmant und ausdrucksstark. Sie haben eine kreative Ader und nutzen ihre Vorstellungskraft, um sich auszudrücken. Ihr Geselligkeitsdrang macht sie zu beliebten Freunden und Partnern, und sie genießen es, im Mittelpunkt der Aufmerksamkeit zu stehen. Sie sind oft sehr emotional und können ihre Gefühle durch Kunst oder andere Ausdrucksformen kanalisieren.

Mann

Männer, die mit der Zahl 3 verbunden sind, sind in der Regel gesellig, humorvoll und kreativ. Sie haben die Fähigkeit, Menschen um sich herum zu begeistern und zu inspirieren. Oft sind sie talentierte Kommunikatoren und können ihre Gedanken und Ideen klar und ansprechend vermitteln. Ihre positive Einstellung und Lebensfreude ziehen andere an, und sie fühlen sich oft zu kreativen Berufen hingezogen.

Lebensweg

Der Lebensweg der Zahl 3 ist geprägt von der Suche nach Selbstverwirklichung und kreativer Entfaltung. Menschen auf diesem Lebensweg sind oft bestrebt, ihre Talente zu entdecken und auszudrücken. Sie haben die Fähigkeit, das Leben zu genießen und die Schönheit in den kleinen Dingen zu sehen. Ihre gesellige Natur führt sie oft zu Aktivitäten und Gemeinschaften, die ihre Kreativität fördern.

Partnerschaft

In Beziehungen sind Personen mit der Zahl 3 oft leidenschaftlich und verspielt. Sie bringen Freude und Lebhaftigkeit in ihre Partnerschaften und schaffen eine inspirierende Atmosphäre. Ihre Fähigkeit, sich auszudrücken und ihre Gefühle zu kommunizieren, trägt zu einer offenen und ehrlichen Beziehung bei. Sie suchen nach einem Partner, der ihre Kreativität schätzt und mit ihnen die Freude am Leben teilt.

Familie/Liebe

Familienmitglieder mit der Zahl 3 sind oft die Lebensfreude und der Humor in der Familie. Sie bringen Spaß und Kreativität in gemeinsame Aktivitäten und haben eine positive Ausstrahlung, die andere anzieht. In der Liebe sind sie romantisch und scheuen sich nicht, ihre Gefühle zu zeigen. Sie sind oft sehr unterstützend und ermutigen ihre Angehörigen, ihre Träume zu verfolgen.

Karriere

In der Berufswelt sind Menschen mit der Zahl 3 oft in kreativen Berufen zu finden, die es ihnen ermöglichen, sich auszudrücken. Sie sind talentierte Kommunikatoren und können gut mit Menschen arbeiten. Ihre gesellige Natur macht sie zu wertvollen Teammitgliedern, die das Arbeitsumfeld aufhellen. Sie suchen nach Berufen, die ihnen die Möglichkeit geben, ihre Kreativität und ihren Optimismus einzubringen.

Herausforderungen

Die größten Herausforderungen für Menschen mit der Zahl 3 sind oft Unbeständigkeit und Schwierigkeiten, sich zu konzentrieren. Sie können dazu neigen, impulsiv zu handeln und sich von ihren Emotionen leiten zu lassen, was zu Schwierigkeiten in ihrer Lebensplanung führen kann. Auch können sie manchmal Schwierigkeiten haben, sich auf langfristige Ziele zu konzentrieren, da sie sich leicht ablenken lassen.

Schattenseiten

Die Schattenseiten der Zahl 3 können Oberflächlichkeit, Unreife und Überempfindlichkeit sein. Menschen mit dieser Zahl können manchmal dazu neigen, Probleme zu vermeiden oder sich nicht mit ernsten Themen auseinanderzusetzen. Ihre emotionale Natur kann sie auch anfällig für Verletzungen machen, und sie könnten in schwierigen Situationen Schwierigkeiten haben, sich zu behaupten.

Spirituell

Spirituell gesehen streben Menschen mit der Zahl 3 oft nach einer tiefen Verbindung zu ihrer Kreativität und ihrer inneren Stimme. Sie sind oft auf der Suche nach Möglichkeiten, ihre spirituellen Überzeugungen durch kreative Ausdrucksformen zu erforschen. Ihre positive Einstellung und Lebensfreude helfen ihnen, eine tiefere Verbindung zur Welt um sie herum herzustellen.

Herzenswunsch und Seelenpfad

Der Herzenswunsch einer Person mit der Zahl 3 ist es, ihre Kreativität und Lebensfreude vollständig auszuleben. Sie streben danach, ihre Talente zu entdecken und in einer Weise auszudrücken, die sowohl sie selbst als auch andere inspiriert. Ihr Seelenpfad führt sie dazu, die Schönheit im Leben zu erkennen und Freude in den Alltag zu bringen.

Schlüssel zum Glück und Erfolg

Der Schlüssel zum Glück und Erfolg für Menschen mit der Zahl 3 liegt in der Förderung ihrer kreativen Talente und der Schaffung eines unterstützenden Umfelds. Indem sie lernen, sich auf ihre Ziele zu konzentrieren und gleichzeitig ihre Lebensfreude zu bewahren, können sie Erfüllung und Erfolg in ihrem Leben finden.

Talent und Fähigkeiten

Menschen mit der Zahl 3 verfügen oft über ausgeprägte kreative Fähigkeiten, sei es in der Kunst, Musik, dem Schreiben oder anderen Ausdrucksformen. Sie sind talentierte Kommunikatoren und haben die Fähigkeit, ihre Gedanken und Gefühle klar zu artikulieren. Ihre soziale Intelligenz und Empathie ermöglichen es ihnen, enge Beziehungen zu anderen aufzubauen.

Stärken

Kreativität: Sie haben eine lebhafte Vorstellungskraft und viele kreative Talente.

Geselligkeit: Ihre charmante und offene Art zieht Menschen an.

Ausdrucksfähigkeit: Sie können ihre Gedanken und Gefühle gut kommunizieren.

Optimismus: Sie haben eine positive Einstellung, die andere inspiriert.

Schwächen

Unbeständigkeit: Sie können Schwierigkeiten haben, sich auf langfristige Ziele zu konzentrieren.

Überempfindlichkeit: Ihre emotionale Natur kann sie anfällig für Verletzungen machen.

Impulsivität: Sie neigen dazu, impulsiv zu handeln und Entscheidungen ohne langfristige Überlegung zu treffen.

Oberflächlichkeit: In ihrem Streben nach Freude können sie manchmal ernstere Themen vermeiden.

Die Zahl 3 in der Numerologie steht für Kreativität, Lebensfreude und geselliges Miteinander. Menschen mit dieser Zahl sind oft inspirierend und charmant, was sie zu wertvollen Freunden und Partnern macht. Während sie viele Stärken haben, können auch Herausforderungen und Schattenseiten auftreten. Indem sie lernen, ihre kreativen Talente zu fördern und sich auf ihre Ziele zu konzentrieren, können sie ein erfülltes und glückliches Leben führen.

4 - Die Zahl der Stabilität

Die Vier steht für Struktur, Disziplin und Zuverlässigkeit. Sie ist das Fundament für unsere Ambitionen und hilft uns, solide Grundlagen für die Zukunft zu schaffen.

In der Numerologie symbolisiert die Zahl 4 Stabilität, Sicherheit und Praktikabilität. Sie steht für Ordnung, Struktur und den Aufbau von Fundamenten. Menschen, die mit dieser Zahl verbunden sind, sind oft fleißig, diszipliniert und haben einen starken Sinn für Verantwortung.

Frau

Frauen mit der Zahl 4 sind oft sehr zuverlässig, praktisch und bodenständig. Sie haben eine starke Arbeitsmoral und sind bestrebt, ihre Ziele mit Ausdauer und Geduld zu erreichen. Ihre Fähigkeit, Ordnung und Struktur in ihr Leben zu bringen, macht sie zu stabilen Partnerinnen und Freundinnen. Sie sind oft sehr loyal und schätzen langfristige Beziehungen.

Mann

Männer, die mit der Zahl 4 verbunden sind, sind in der Regel pragmatisch, fleißig und verantwortungsbewusst. Sie haben einen starken Sinn für Pflicht und sind bestrebt, für ihre Familien und Gemeinschaften zu sorgen. Ihre Fähigkeit, Probleme rational zu analysieren und Lösungen zu finden, macht sie zu geschätzten Kollegen und Freunden. Sie sind oft sehr bodenständig und schätzen Stabilität in ihrem Leben.

Lebensweg

Der Lebensweg der Zahl 4 ist geprägt von der Suche nach Sicherheit und Stabilität. Menschen auf diesem Lebensweg neigen dazu, ihre Ziele systematisch zu verfolgen und sich auf den Aufbau solider Grundlagen zu konzentrieren. Sie sind oft sehr praktisch veranlagt und haben ein Talent dafür, Ordnung in chaotische Situationen zu bringen.

Partnerschaft

In Beziehungen sind Personen mit der Zahl 4 oft loyal und verlässlich. Sie legen Wert auf Stabilität und Sicherheit und sind bereit, hart für ihre Partnerschaften zu arbeiten. Ihre Fähigkeit, Konflikte rational zu lösen und ihre Emotionen zu kontrollieren, trägt zu einer stabilen und harmonischen Beziehung bei. Sie schätzen langfristige Bindungen und sind oft bereit, in ihre Beziehungen zu investieren.

Familie/Liebe

Familienmitglieder mit der Zahl 4 sind oft die Säulen der Stabilität und Unterstützung innerhalb der Familie. Sie übernehmen Verantwortung und sorgen dafür, dass die Bedürfnisse ihrer Angehörigen erfüllt werden. In der Liebe sind sie romantisch, aber auch pragmatisch. Sie zeigen ihre Zuneigung durch Taten und Verantwortung und suchen nach einer stabilen, liebevollen Beziehung.

Karriere

In der Berufswelt sind Menschen mit der Zahl 4 oft erfolgreich in Berufen, die Organisation, Planung und Struktur erfordern. Sie sind zuverlässig und haben eine starke Arbeitsmoral, was sie zu geschätzten Teammitgliedern macht. Ihre Fähigkeit, analytisch zu denken und Probleme zu lösen, führt oft zu Führungspositionen oder Tätigkeiten in Bereichen wie Ingenieurwesen, Bauwesen oder Verwaltung.

Herausforderungen

Die größten Herausforderungen für Menschen mit der Zahl 4 können in einer gewissen Starrheit und Schwierigkeiten mit Veränderungen liegen. Sie können dazu neigen, sich an Routine zu klammern und sich unwohl fühlen, wenn sie aus ihrer Komfortzone herausgerissen werden. Auch können sie manchmal als zu ernst oder unflexibel wahrgenommen werden.

Schattenseiten

Die Schattenseiten der Zahl 4 können übermäßige Kritikalität, Perfektionismus und ein Mangel an Flexibilität sein. Menschen mit dieser Zahl können dazu neigen, sich zu sehr auf Details zu konzentrieren und das Gesamtbild aus den Augen zu verlieren. Ihre Tendenz, alles zu kontrollieren, kann zu Spannungen in Beziehungen führen.

Spirituell

Spirituell gesehen streben Menschen mit der Zahl 4 nach einer tiefen Verbindung zu ihren Werten und Überzeugungen. Sie suchen nach Stabilität in ihrem spirituellen Leben und sind oft bestrebt, ein solides Fundament für ihr Glaubenssystem aufzubauen. Ihre praktische Natur führt sie dazu, spirituelle Praktiken zu wählen, die klar strukturiert und nachvollziehbar sind.

Herzenswunsch und Seelenpfad

Der Herzenswunsch einer Person mit der Zahl 4 ist es, Sicherheit, Stabilität und ein Gefühl der Zugehörigkeit zu finden. Ihr Seelenpfad führt sie dazu, ihre Disziplin und Arbeitsmoral zu nutzen, um ihre Träume zu verwirklichen und ein erfülltes Leben aufzubauen.

Schlüssel zum Glück und Erfolg

Der Schlüssel zum Glück und Erfolg für Menschen mit der Zahl 4 liegt in der Fähigkeit, Flexibilität zu entwickeln und neue Perspektiven zuzulassen. Indem sie lernen, Veränderungen zu akzeptieren und offen für neue Ideen zu sein, können sie ein erfülltes und erfolgreiches Leben führen.

Talent und Fähigkeiten

Menschen mit der Zahl 4 haben oft starke organisatorische Fähigkeiten und ein Talent für Planung und Strukturierung. Sie sind gute Problemlöser und können analytisch denken. Ihre Fähigkeit, die Dinge von einer praktischen Perspektive aus zu betrachten, macht sie zu wertvollen Teammitgliedern und Führungspersönlichkeiten.

Stärken

Zuverlässigkeit: Sie sind treue Freunde und Partner, auf die man sich verlassen kann.

Praktische Fähigkeiten: Sie haben ein Talent dafür, Lösungen für komplexe Probleme zu finden.

Disziplin: Ihre Arbeitsmoral und Ausdauer helfen ihnen, ihre Ziele zu erreichen.

Verantwortungsbewusstsein: Sie übernehmen gerne Verantwortung für sich und andere.

Schwächen

Starrheit: Sie können manchmal unflexibel sein und Schwierigkeiten haben, sich an Veränderungen anzupassen.

Perfektionismus: Ihr Drang nach Perfektion kann sie unter Druck setzen und sie davon abhalten, Fortschritte zu machen.

Überkritik: Sie neigen dazu, sich auf Fehler zu konzentrieren und können andere leicht kritisieren.

Schwierigkeiten mit Emotionen: Ihre Praktikabilität kann dazu führen, dass sie ihre emotionalen Bedürfnisse vernachlässigen.

Die Zahl 4 in der Numerologie steht für Stabilität, Ordnung und Verantwortungsbewusstsein. Menschen mit dieser Zahl sind oft praktische Denker und zuverlässige Partner, die Wert auf langfristige Bindungen legen. Während sie viele Stärken haben, können auch Herausforderungen und Schattenseiten auftreten. Indem sie lernen, flexibler zu sein und Veränderungen zu akzeptieren, können sie ein erfülltes und erfolgreiches Leben führen.

5 - Die Zahl des Wandels

Die Fünf symbolisiert Freiheit, Abenteuer und Veränderungen. Sie erinnert uns daran, flexibel zu sein und neue Erfahrungen zu suchen, um zu wachsen.

In der Numerologie symbolisiert die Zahl 5 Freiheit, Abenteuer und Veränderung. Sie steht für Neugier, Vielseitigkeit und die Fähigkeit, sich an neue Situationen anzupassen. Menschen, die mit dieser Zahl verbunden sind, sind oft dynamisch und energiegeladen, mit einem starken Drang, das Leben in vollen Zügen zu genießen.

Frau

Frauen mit der Zahl 5 sind oft lebhaft, abenteuerlustig und unabhängig. Sie schätzen ihre Freiheit und haben ein starkes Verlangen nach neuen Erfahrungen. Ihre Anpassungsfähigkeit und Neugier machen sie zu spannenden Gesprächspartnerinnen, die sich schnell in neuen Situationen wohlfühlen. Sie sind oft kreativ und haben ein Gespür für das Außergewöhnliche.

Mann

Männer, die mit der Zahl 5 verbunden sind, sind in der Regel abenteuerlustig, gesellig und vielseitig. Sie neigen dazu, in ihrem Leben viele verschiedene Interessen und Hobbys zu haben. Ihr Wunsch nach Freiheit und Unabhängigkeit treibt sie dazu, neue Wege zu beschreiten und das Unbekannte zu erkunden. Sie sind oft charmant und besitzen die Fähigkeit, andere um sich zu scharen.

Lebensweg

Der Lebensweg der Zahl 5 ist geprägt von der Suche nach Freiheit und persönlichen Erfahrungen. Menschen auf diesem Lebensweg streben danach, sich selbst zu entdecken und ihre Grenzen zu erweitern. Sie sind oft auf der Suche nach Abenteuern, die ihnen helfen, ihre Perspektiven zu erweitern und ihre Kreativität auszuleben.

Partnerschaft

In Beziehungen sind Personen mit der Zahl 5 oft leidenschaftlich und aufregend. Sie bringen Energie und Dynamik in ihre Partnerschaften und suchen nach einem Partner, der ihre Liebe zur Freiheit und zum Abenteuer teilt. Ihre Offenheit und Flexibilität tragen zu einer spannenden und abwechslungsreichen Beziehung bei, doch sie müssen darauf achten, nicht zu unbeständig zu werden.

Familie/Liebe

Familienmitglieder mit der Zahl 5 sind oft die Abenteurer und Entdecker in der Familie. Sie bringen Spaß und Unbeschwertheit in das Familienleben und sind bereit, neue Aktivitäten und Erfahrungen mit ihren Angehörigen zu teilen. In der Liebe sind sie romantisch und impulsiv, was zu aufregenden, aber manchmal auch unvorhersehbaren Beziehungen führen kann.

Karriere

In der Berufswelt sind Menschen mit der Zahl 5 oft in kreativen oder innovativen Berufen zu finden, die Flexibilität und Anpassungsfähigkeit erfordern. Sie sind gute Problemlöser und haben oft viele verschiedene Talente, die sie in verschiedenen Bereichen einsetzen können. Ihre gesellige Art und ihre Fähigkeit, schnell neue Kontakte zu knüpfen, machen sie zu wertvollen Teammitgliedern.

Herausforderungen

Die größten Herausforderungen für Menschen mit der Zahl 5 können Unbeständigkeit und Schwierigkeiten mit langfristigen Verpflichtungen sein. Sie können dazu neigen, impulsiv zu handeln und sich schnell von einer Idee oder einem Projekt zur nächsten zu bewegen, was zu einem Mangel an Fokus führen kann. Auch die Angst vor Routine und Monotonie kann sie dazu bringen, wichtige Entscheidungen zu vermeiden.

Schattenseiten

Die Schattenseiten der Zahl 5 können Unruhe, Überforderung und eine Neigung zu impulsivem Verhalten sein. Menschen mit dieser Zahl können Schwierigkeiten haben, sich auf eine Sache zu konzentrieren und neigen dazu, in stressigen Situationen zu fliehen oder sich abzulenken. Ihre Suche nach Neuem kann sie auch dazu bringen, bestehende Beziehungen oder Verpflichtungen zu vernachlässigen.

Spirituell

Spirituell gesehen streben Menschen mit der Zahl 5 nach persönlichem Wachstum und Selbstentdeckung. Sie sind oft auf der Suche nach tiefen Erfahrungen, die ihnen helfen, ihre innere Freiheit zu finden. Ihre Offenheit für neue Ideen und Perspektiven ermöglicht es ihnen, verschiedene spirituelle Praktiken zu erforschen und ein tiefes Verständnis für die Welt um sie herum zu entwickeln.

Herzenswunsch und Seelenpfad

Der Herzenswunsch einer Person mit der Zahl 5 ist es, Freiheit und Selbstverwirklichung zu erleben. Sie streben danach, ihre Leidenschaften zu verfolgen und das Leben in vollen Zügen zu genießen. Ihr Seelenpfad führt sie dazu, vielfältige Erfahrungen zu sammeln und ihre Kreativität auszuleben.

Schlüssel zum Glück und Erfolg

Der Schlüssel zum Glück und Erfolg für Menschen mit der Zahl 5 liegt in der Fähigkeit, einen Ausgleich zwischen Freiheit und Verpflichtungen zu finden. Indem sie lernen, sich auf ihre Ziele zu konzentrieren und gleichzeitig ihre Neugier und Abenteuerlust zu bewahren, können sie ein erfülltes und erfolgreiches Leben führen.

Talent und Fähigkeiten

Menschen mit der Zahl 5 verfügen oft über starke kreative Fähigkeiten und eine ausgeprägte Fähigkeit zur Anpassung. Sie sind vielseitig und haben viele Interessen, was sie zu talentierten Problemlösern macht. Ihre gesellige Art und ihr Charisma ermöglichen es ihnen, leicht mit anderen in Kontakt zu treten und neue Beziehungen aufzubauen.

Stärken

Abenteuerlust: Sie haben einen starken Drang, neue Erfahrungen zu sammeln und das Leben zu erkunden.

Anpassungsfähigkeit: Sie können sich schnell auf neue Situationen einstellen und Herausforderungen meistern.

Charisma: Ihre gesellige und charmante Art zieht andere an und macht sie zu beliebten Gesprächspartnern.

Neugier: Sie haben ein starkes Bedürfnis, zu lernen und zu wachsen.

Schwächen

Unbeständigkeit: Sie können Schwierigkeiten haben, sich auf langfristige Ziele zu konzentrieren und neigen zu häufigen Veränderungen.

Impulsivität: Ihre Neigung, impulsiv zu handeln, kann zu Problemen in Beziehungen und im Beruf führen.

Angst vor Routine: Sie meiden oft Routine und Monotonie, was zu einem Mangel an Stabilität führen kann.

Fluchtverhalten: In stressigen Situationen können sie dazu neigen, sich zurückzuziehen oder zu fliehen.

Die Zahl 5 in der Numerologie steht für Freiheit, Abenteuer und die Suche nach neuen Erfahrungen. Menschen mit dieser Zahl sind oft dynamisch, kreativ und anpassungsfähig, was sie zu faszinierenden Persönlichkeiten macht. Während sie viele Stärken haben, können auch Herausforderungen und Schattenseiten auftreten. Indem sie lernen, einen Ausgleich zwischen ihrer Freiheit und ihren Verpflichtungen zu finden, können sie ein erfülltes und glückliches Leben führen.

6 - Die Zahl der Fürsorge

Die Sechs steht für Liebe, Familie und Verantwortung. Sie ermutigt uns, fürsorglich zu handeln und uns um das Wohl anderer zu kümmern.

In der Numerologie symbolisiert die Zahl 6 Harmonie, Fürsorglichkeit und Verantwortung. Sie steht für Familie, Liebe und das Streben nach Gleichgewicht. Menschen, die mit dieser Zahl verbunden sind, sind oft empathisch, unterstützend und haben eine starke Verbindung zu ihrem sozialen Umfeld.

Frau

Frauen mit der Zahl 6 sind oft warmherzig, fürsorglich und häuslich. Sie haben ein starkes Bedürfnis, anderen zu helfen und ihre Lieben zu unterstützen. Ihre Fähigkeit, eine harmonische Atmosphäre zu schaffen, macht sie zu großartigen Freundinnen und Partnerinnen. Sie sind oft sehr intuitiv und können die emotionalen Bedürfnisse anderer gut erkennen.

Mann

Männer, die mit der Zahl 6 verbunden sind, sind in der Regel verantwortungsbewusst, fürsorglich und loyal. Sie haben ein starkes Bedürfnis, für ihre Familie und Freunde zu sorgen und übernehmen oft die Rolle des Beschützers. Ihre Empathie und Sensibilität ermöglichen es ihnen, enge Beziehungen aufzubauen und zu pflegen.

Lebensweg

Der Lebensweg der Zahl 6 ist geprägt von der Suche nach Harmonie und Stabilität in Beziehungen. Menschen auf diesem Lebensweg streben oft danach, ein Umfeld zu schaffen, das von Liebe und Unterstützung geprägt ist. Sie haben die Fähigkeit, Konflikte zu lösen und ein Gleichgewicht zwischen den Bedürfnissen anderer und ihren eigenen zu finden.

Partnerschaft

In Beziehungen sind Personen mit der Zahl 6 oft liebevoll, loyal und unterstützend. Sie legen großen Wert auf emotionale Verbindung und Harmonie. Ihre Fähigkeit, Kompromisse einzugehen und auf die Bedürfnisse ihres Partners einzugehen, trägt zu stabilen und erfüllenden Beziehungen bei. Sie sind oft romantisch und schätzen tiefgehende, bedeutungsvolle Bindungen.

Familie/Liebe

Familienmitglieder mit der Zahl 6 sind oft die emotionalen Anker und Unterstützer innerhalb der Familie. Sie zeigen viel Fürsorge und Verständnis für ihre Angehörigen und sind bereit, ihre Zeit und Energie in die Pflege ihrer Beziehungen zu investieren. In der Liebe sind sie romantisch und idealistisch, was zu einer tiefen und erfüllenden Verbindung mit ihrem Partner führen kann.

Karriere

In der Berufswelt sind Menschen mit der Zahl 6 oft in Berufen zu finden, die Fürsorglichkeit und Empathie erfordern. Sie sind großartige Teamspieler und können gut mit anderen kommunizieren. Ihre Fähigkeit, ein unterstützendes und harmonisches Umfeld zu schaffen, macht sie zu wertvollen Mitgliedern in jedem Team, insbesondere in Bereichen wie Pflege, Bildung, Sozialarbeit oder Beratung.

Herausforderungen

Die größten Herausforderungen für Menschen mit der Zahl 6 können in einer Neigung zur Überfürsorglichkeit und Selbstaufopferung liegen. Sie können dazu neigen, ihre eigenen Bedürfnisse zugunsten anderer zu vernachlässigen, was zu emotionaler Erschöpfung führen kann. Auch können sie Schwierigkeiten haben, Grenzen zu setzen und sich abzugrenzen.

Schattenseiten

Die Schattenseiten der Zahl 6 können Perfektionismus, Überkritik und Schwierigkeiten mit Veränderungen sein. Menschen mit dieser Zahl können dazu neigen, sich zu sehr auf die Bedürfnisse anderer zu konzentrieren und dabei ihre eigenen Wünsche und Träume aus den Augen zu verlieren. Ihre Tendenz, alles perfekt machen zu wollen, kann zu Stress und Unzufriedenheit führen.

Spirituell

Spirituell gesehen streben Menschen mit der Zahl 6 nach innerem Frieden und Harmonie. Sie suchen oft nach einem tieferen Verständnis für ihre Beziehungen und die Welt um sie herum. Ihre Sensibilität ermöglicht es ihnen, eine tiefe Verbindung zu ihrer Intuition und ihren spirituellen Überzeugungen herzustellen.

Herzenswunsch und Seelenpfad

Der Herzenswunsch einer Person mit der Zahl 6 ist es, Liebe, Harmonie und Stabilität in ihrem Leben und in ihren Beziehungen zu finden. Ihr Seelenpfad führt sie dazu, Fürsorglichkeit und Empathie zu entwickeln und die Bedeutung von Beziehungen zu erkennen.

Schlüssel zum Glück und Erfolg

Der Schlüssel zum Glück und Erfolg für Menschen mit der Zahl 6 liegt in der Fähigkeit, ein Gleichgewicht zwischen eigenen Bedürfnissen und denen anderer zu finden. Indem sie lernen, sich selbst zu schätzen und ihre Grenzen zu wahren, können sie sowohl erfüllte Beziehungen als auch persönliche Zufriedenheit erreichen.

Talent und Fähigkeiten

Menschen mit der Zahl 6 verfügen oft über starke zwischenmenschliche Fähigkeiten und eine natürliche Fähigkeit zur Empathie. Sie sind gute Zuhörer und haben die Fähigkeit, emotionale Unterstützung zu bieten. Ihre Kreativität und Sensibilität ermöglichen es ihnen, in ihrer Umgebung eine positive Atmosphäre zu schaffen.

Stärken

Empathie: Sie haben ein tiefes Verständnis für die Emotionen anderer und können gut unterstützen.

Verantwortungsbewusstsein: Sie übernehmen gerne Verantwortung für ihre Lieben.

Teamfähigkeit: Sie arbeiten gut mit anderen zusammen und fördern die Zusammenarbeit.

Fürsorglichkeit: Sie investieren Zeit und Energie in ihre Beziehungen.

Schwächen

Selbstaufopferung: Sie können dazu neigen, ihre eigenen Bedürfnisse zu ignorieren.

Perfektionismus: Ihre Tendenz, alles perfekt machen zu wollen, kann zu Stress führen.

Überkritik: Sie neigen dazu, sich auf Fehler zu konzentrieren und können manchmal zu streng mit sich und anderen sein.

Schwierigkeiten mit Veränderungen: Sie können unbehaglich werden, wenn sich Dinge verändern.

Die Zahl 6 in der Numerologie steht für Harmonie, Fürsorglichkeit und Verantwortungsbewusstsein. Menschen mit dieser Zahl sind oft empathisch und unterstützend, was sie zu wertvollen Freunden und Partnern macht. Während sie viele Stärken haben, können auch Herausforderungen und Schattenseiten auftreten. Indem sie lernen, ihre eigenen Bedürfnisse zu erkennen und ihre Grenzen zu wahren, können sie ein erfülltes und glückliches Leben führen.

7 - Die Zahl der Intuition

Die Sieben repräsentiert Spiritualität, Introspektion und Weisheit. Sie lädt uns ein, in uns selbst zu gehen und tiefere Wahrheiten zu entdecken.

In der Numerologie symbolisiert die Zahl 7 Introspektion, Spiritualität und tiefes Denken. Sie steht für Weisheit, Analyse und das Streben nach Wissen. Menschen, die mit dieser Zahl verbunden sind, sind oft nachdenklich, analytisch und haben ein starkes Bedürfnis, das Leben und seine Geheimnisse zu verstehen.

Frau

Frauen mit der Zahl 7 sind oft intuitiv, tiefgründig und spirituell. Sie neigen dazu, die Dinge aus einer philosophischen Perspektive zu betrachten und sind oft auf der Suche nach tieferem Verständnis und innerer Wahrheit. Ihre Sensibilität und Intuition ermöglichen es ihnen, subtile emotionale und spirituelle Aspekte des Lebens zu erfassen. Sie sind oft zurückhaltend und schätzen ruhige, bedeutungsvolle Gespräche.

Mann

Männer, die mit der Zahl 7 verbunden sind, sind in der Regel tiefgründig, analytisch und nachdenklich. Sie haben eine ausgeprägte Fähigkeit, komplexe Probleme zu durchdringen und nach Lösungen zu suchen. Ihr Interesse an Spiritualität und philosophischen Fragen führt sie oft zu einem introspektiven Lebensstil. Sie sind oft unabhängig und schätzen ihre Privatsphäre.

Lebensweg

Der Lebensweg der Zahl 7 ist geprägt von der Suche nach Wissen und innerer Wahrheit. Menschen auf diesem Lebensweg sind oft auf der Suche nach Verständnis und Bedeutung in ihrem Leben. Sie haben eine natürliche Neigung zur Analyse und Introspektion und neigen dazu, tief über die Welt um sie herum nachzudenken.

Partnerschaft

In Beziehungen sind Personen mit der Zahl 7 oft zurückhaltend und nachdenklich. Sie suchen nach tiefen und bedeutungsvollen Verbindungen und schätzen emotionale Intelligenz. Ihre Sensibilität kann sie manchmal verletzlich machen, und sie benötigen oft Zeit, um ihre Gefühle zu verarbeiten. Sie sind loyale Partner, die Wert auf Ehrlichkeit und Integrität legen.

Familie/Liebe

Familienmitglieder mit der Zahl 7 sind oft die Nachdenklichen und Philosophen in der Familie. Sie bringen eine tiefe Perspektive in die familiären Beziehungen und sind oft die, die in schwierigen Zeiten Rat geben. In der Liebe sind sie romantisch, aber auch zurückhaltend, und sie schätzen Partnerschaften, die auf gegenseitigem Verständnis und Respekt basieren.

Karriere

In der Berufswelt sind Menschen mit der Zahl 7 oft in Berufen zu finden, die Analyse, Forschung oder spirituelle Praktiken erfordern. Sie sind gute Problemlöser und haben die Fähigkeit, in komplexen Situationen einen klaren Kopf zu bewahren. Ihre Neigung zur Introspektion und Analyse macht sie zu wertvollen Mitgliedern in akademischen, wissenschaftlichen oder kreativen Bereichen.

Herausforderungen

Die größten Herausforderungen für Menschen mit der Zahl 7 können in sozialer Isolation und Schwierigkeiten mit der Kommunikation liegen. Sie können dazu neigen, sich in ihre Gedankenwelt zurückzuziehen und Schwierigkeiten haben, ihre Gefühle auszudrücken. Auch ihre hohe Sensibilität kann sie in zwischenmenschlichen Beziehungen verletzlich machen.

Schattenseiten

Die Schattenseiten der Zahl 7 können übermäßige Skepsis, Zynismus und eine Neigung zur Selbstisolation sein. Menschen mit dieser Zahl können dazu neigen, das Leben zu ernst zu nehmen und sich von anderen zu distanzieren. Ihre Suche nach Wahrheit und Verständnis kann sie manchmal in einen Zustand der Verbitterung oder des Misstrauens führen.

Spirituell

Spirituell gesehen streben Menschen mit der Zahl 7 nach innerem Frieden und Verständnis. Sie sind oft auf der Suche nach einer tieferen Verbindung zu sich selbst und dem Universum. Ihre spirituelle Reise führt sie dazu, verschiedene Philosophien und Glaubenssysteme zu erkunden, um ihre eigene Wahrheit zu finden.

Herzenswunsch und Seelenpfad

Der Herzenswunsch einer Person mit der Zahl 7 ist es, Wissen und Verständnis zu erlangen. Sie streben danach, die Geheimnisse des Lebens zu entschlüsseln und ihre eigene innere Wahrheit zu finden. Ihr Seelenpfad führt sie dazu, sich mit ihrer Spiritualität und ihrer Intuition zu verbinden.

Schlüssel zum Glück und Erfolg

Der Schlüssel zum Glück und Erfolg für Menschen mit der Zahl 7 liegt in der Fähigkeit, Balance zwischen Introspektion und sozialer Interaktion zu finden. Indem sie lernen, ihre Gedanken und Gefühle zu kommunizieren, können sie erfüllte Beziehungen aufbauen und gleichzeitig ihre spirituelle Suche fortsetzen.

Talent und Fähigkeiten

Menschen mit der Zahl 7 verfügen oft über starke analytische Fähigkeiten und eine tiefgehende Intuition. Sie sind in der Lage, komplexe Zusammenhänge zu erkennen und tiefgründige Fragen zu stellen. Ihre Fähigkeit, in sich zu gehen und zu reflektieren, ermöglicht es ihnen, innovative Ideen und Lösungen zu entwickeln.

Stärken

Intelligenz: Sie sind oft klug und haben ein tiefes Verständnis für komplexe Themen.

Intuition: Sie besitzen eine ausgeprägte Fähigkeit, subtile emotionale und spirituelle Aspekte zu erfassen.

Loyalität: Sie sind treue Freunde und Partner, die Wert auf Ehrlichkeit legen.

Analytisches Denken: Sie haben die Fähigkeit, Probleme logisch und rational zu analysieren.

Schwächen

Selbstisolation: Sie können dazu neigen, sich von anderen zurückzuziehen und Schwierigkeiten haben, sich zu öffnen.

Zynismus: Ihre Skepsis kann sie daran hindern, positive Erfahrungen zu machen.

Schwierigkeiten mit Emotionen: Sie können Schwierigkeiten haben, ihre eigenen Gefühle zu erkennen und auszudrücken.

Übermäßige Nachdenklichkeit: Ihre Tendenz, viel zu grübeln, kann sie in Stress und Sorgen verfallen lassen.

Die Zahl 7 in der Numerologie steht für Introspektion, Spiritualität und tiefes Denken. Menschen mit dieser Zahl sind oft nachdenklich, analytisch und auf der Suche nach Wissen. Während sie viele Stärken haben, können auch Herausforderungen und Schattenseiten auftreten. Indem sie lernen, ihre Gedanken und Gefühle zu kommunizieren und einen Ausgleich zwischen Isolation und sozialer Interaktion zu finden, können sie ein erfülltes und glückliches Leben führen.

8 - Die Zahl des Erfolgs

Die Acht symbolisiert Macht, Erfolg und materielle Errungenschaften. Sie erinnert uns daran, unser Potenzial zu nutzen und unsere Ziele mit Entschlossenheit zu verfolgen.

Menschen, die mit dieser Zahl verbunden sind, haben oft eine starke Präsenz und sind darauf ausgerichtet, sowohl im persönlichen als auch im beruflichen Leben erfolgreich zu sein.

Frau

Frauen mit der Zahl 8 sind in der Regel durchsetzungsfähig, selbstbewusst und zielstrebig. Sie haben eine natürliche Fähigkeit, Führungsrollen zu übernehmen und andere zu inspirieren. Ihre Ambitionen und ihr Ehrgeiz treiben sie an, ihre Ziele zu verfolgen und materiellen Erfolg zu erzielen. Oft sind sie sehr organisiert und wissen, wie man Ressourcen effektiv einsetzt.

Mann

Männer, die mit der Zahl 8 verbunden sind, sind oft starke, dominante Persönlichkeiten mit einem ausgeprägten Sinn für Verantwortung. Sie streben nach Erfolg und sind bereit, hart zu arbeiten, um ihre Ziele zu erreichen. Ihr Selbstvertrauen und ihre Entschlossenheit machen sie oft zu natürlichen Anführern, die in der Lage sind, andere zu motivieren und zu leiten.

Lebensweg

Der Lebensweg der Zahl 8 ist geprägt von der Suche nach materiellem und persönlichem Erfolg. Menschen auf diesem Lebensweg sind oft darauf fokussiert, ihre Ziele zu erreichen und ihre Fähigkeiten zu nutzen, um ihre Visionen zu verwirklichen. Sie haben eine natürliche Fähigkeit, Chancen zu erkennen und zu nutzen, die ihnen helfen, ihre Ambitionen zu verwirklichen.

Partnerschaft

In Beziehungen sind Personen mit der Zahl 8 oft loyal, aber auch fordernd. Sie erwarten von ihren Partnern Engagement und Unterstützung bei der Verwirklichung ihrer Ziele. Ihre Fähigkeit, Verantwortung zu übernehmen und für ihre Lieben zu sorgen, trägt zu stabilen Beziehungen bei. Dennoch müssen sie darauf achten, nicht zu dominant oder kontrollierend zu wirken.

Familie/Liebe

Familienmitglieder mit der Zahl 8 sind oft die Unterstützung und das Rückgrat der Familie. Sie übernehmen Verantwortung und sind bereit, für das Wohl ihrer Angehörigen zu kämpfen. In der Liebe sind sie leidenschaftlich und intensiv, schätzen jedoch auch Loyalität und Verbindlichkeit. Sie sind oft dazu bereit, in ihre Beziehungen zu investieren und sie aktiv zu gestalten.

Karriere

In der Berufswelt sind Menschen mit der Zahl 8 oft in Führungspositionen oder in Berufen zu finden, die mit Finanzen, Management oder Unternehmertum zu tun haben. Sie sind ehrgeizig und haben ein gutes Gespür für wirtschaftliche Chancen. Ihre Fähigkeit, strategisch zu denken und Entscheidungen zu treffen, die auf langfristigen Zielen basieren, führt oft zu Erfolg in ihrer Karriere.

Herausforderungen

Die größten Herausforderungen für Menschen mit der Zahl 8 können in einer Neigung zur Überarbeitung und dem Streben nach materiellem Erfolg auf Kosten anderer liegen. Sie können dazu neigen, sich zu sehr auf ihre beruflichen Ziele zu konzentrieren und dabei persönliche Beziehungen zu vernachlässigen. Auch können sie Schwierigkeiten haben, mit Misserfolgen umzugehen und sich von Rückschlägen zu erholen.

Schattenseiten

Die Schattenseiten der Zahl 8 können Machtgier, Materialismus und eine Tendenz zur Kontrolle sein. Menschen mit dieser Zahl können manchmal zu ehrgeizig oder dominant erscheinen, was zu Konflikten mit anderen führen kann. Ihre Fokussierung auf Erfolg kann auch dazu führen, dass sie emotionale oder zwischenmenschliche Bedürfnisse vernachlässigen.

Spirituell

Spirituell gesehen streben Menschen mit der Zahl 8 nach einem Gleichgewicht zwischen materiellem und spirituellem Erfolg. Sie sind oft auf der Suche nach Wegen, ihre Macht und ihren Einfluss auf positive Weise zu nutzen. Ihre Reise führt sie dazu, die Bedeutung von Integrität und ethischem Handeln zu erkennen, während sie ihre Ziele verfolgen.

Herzenswunsch und Seelenpfad

Der Herzenswunsch einer Person mit der Zahl 8 ist es, Erfolg und Macht zu erlangen, ohne dabei die Werte von Integrität und Loyalität aus den Augen zu verlieren. Ihr Seelenpfad führt sie dazu, ihre Ambitionen mit einem Sinn für Verantwortung und Fürsorglichkeit zu verbinden.

Schlüssel zum Glück und Erfolg

Der Schlüssel zum Glück und Erfolg für Menschen mit der Zahl 8 liegt in der Fähigkeit, ein Gleichgewicht zwischen beruflichem Ehrgeiz und persönlichen Beziehungen zu finden. Indem sie lernen, ihre Macht und ihren Einfluss verantwortungsvoll zu nutzen, können sie sowohl beruflichen als auch persönlichen Erfolg erreichen.

Talent und Fähigkeiten

Menschen mit der Zahl 8 verfügen oft über starke Führungsfähigkeiten und ein gutes Gespür für wirtschaftliche Chancen. Sie sind strategisch denkend und können gut Entscheidungen treffen, die auf langfristigen Zielen basieren. Ihre Entschlossenheit und ihr Durchhaltevermögen helfen ihnen, auch in schwierigen Situationen erfolgreich zu sein.

Stärken

Führungsqualitäten: Sie sind natürliche Anführer, die andere inspirieren und motivieren können.

Entschlossenheit: Sie geben nicht auf und setzen alles daran, ihre Ziele zu erreichen.

Strategisches Denken: Sie können komplexe Probleme analysieren und Lösungsmöglichkeiten entwickeln.

Verantwortung: Sie übernehmen gerne Verantwortung für sich und andere.

Schwächen

Überarbeitung: Sie können dazu neigen, sich zu sehr auf ihre Arbeit zu konzentrieren und persönliche Bedürfnisse zu vernachlässigen.

Dominanz: Ihre Tendenz, Kontrolle auszuüben, kann zu Konflikten in Beziehungen führen.

Materialismus: Sie können dazu neigen, materielle Dinge über emotionale Bedürfnisse zu stellen.

Schwierigkeiten mit Misserfolg: Sie haben möglicherweise Probleme, mit Rückschlägen umzugehen und sich davon zu erholen.

Die Zahl 8 in der Numerologie steht für Macht, Erfolg und materielle Errungenschaften. Menschen mit dieser Zahl sind oft ehrgeizig, entschlossen und haben die Fähigkeit, ihre Ziele zu erreichen. Während sie viele Stärken haben, können auch Herausforderungen und Schattenseiten auftreten. Indem sie lernen, ein Gleichgewicht zwischen beruflichem Ehrgeiz und persönlichen Beziehungen zu finden, können sie ein erfülltes und glückliches Leben führen.

9 - Die Zahl der Vollendung

Die Neun steht für humanitäres Handeln, Mitgefühl und das Ende von Zyklen. Sie fordert uns auf, unsere Erfahrungen zu reflektieren und uns für das Wohl der Gemeinschaft einzusetzen.

Sie steht für Mitgefühl, Selbstlosigkeit und das Streben nach einem höheren Verständnis des Lebens. Menschen, die mit dieser Zahl verbunden sind, sind oft idealistisch, empathisch und haben eine tiefgehende Verbindung zu sozialen und spirituellen Anliegen.

Frau

Frauen mit der Zahl 9 sind oft mitfühlend, intuitiv und idealistisch. Sie haben ein starkes Bedürfnis, anderen zu helfen und zur Verbesserung der Welt beizutragen. Ihre Sensibilität und ihr Verständnis für die menschliche Erfahrung ermöglichen es ihnen, tiefgehende Beziehungen aufzubauen. Sie sind oft kreativ und nutzen ihre Talente, um ihre Botschaften auszudrücken.

Mann

Männer, die mit der Zahl 9 verbunden sind, sind in der Regel großzügig, tolerant und visionär. Sie sind oft auf der Suche nach einem höheren Sinn im Leben und, haben ein starkes Bedürfnis, für das Wohl der Menschheit einzutreten. Ihr Mitgefühl und ihre Fähigkeit, sich in andere hineinzuversetzen, machen sie zu wertvollen Freunden und Partnern. Sie sind oft in kreativen oder sozialen Berufen tätig.

Lebensweg

Der Lebensweg der Zahl 9 ist geprägt von der Suche nach Weisheit und dem Streben, das eigene Leben und das Leben anderer zu bereichern. Menschen auf diesem Lebensweg sind oft gefühlvoll und idealistisch und haben ein starkes Bedürfnis, einen positiven Einfluss auf die Welt auszuüben. Sie sind oft dazu aufgerufen, sich für soziale Gerechtigkeit und humanitäre Belange einzusetzen.

Partnerschaft

In Beziehungen sind Personen mit der Zahl 9 oft romantisch, verständnisvoll und unterstützend. Sie suchen nach tiefen emotionalen Verbindungen und schätzen Partnerschaften, die auf Mitgefühl und Ehrlichkeit basieren. Ihre Fähigkeit, die Bedürfnisse ihres Partners zu erkennen und zu unterstützen, trägt zu stabilen und erfüllenden Beziehungen bei. Sie müssen jedoch darauf achten, ihre eigenen Bedürfnisse nicht zu vernachlässigen.

Familie/Liebe

Familienmitglieder mit der Zahl 9 sind oft die empathischen Stützen der Familie. Sie zeigen viel Fürsorge und Verständnis für die Bedürfnisse ihrer Angehörigen und sind bereit, sich für das Wohl ihrer Familie einzusetzen. In der Liebe sind sie romantisch und idealistisch, was zu tiefen und bedeutungsvollen Bindungen führt. Sie sind oft bereit, Kompromisse einzugehen, um Harmonie und Verständnis zu fördern.

Karriere

In der Berufswelt sind Menschen mit der Zahl 9 oft in Berufen zu finden, die Kreativität, soziale Verantwortung oder humanitäre Anliegen erfordern. Sie sind oft in den Bereichen Kunst, Bildung, Sozialarbeit oder Beratung tätig. Ihre Fähigkeit, sich in andere hineinzuversetzen und ihre kreativen Talente zu nutzen, macht sie zu wertvollen Mitgliedern in jedem Team.

Herausforderungen

Die größten Herausforderungen für Menschen mit der Zahl 9 können in der Neigung zur Selbstaufopferung und emotionalen Erschöpfung liegen. Sie können dazu neigen, ihre eigenen Bedürfnisse und Wünsche zugunsten anderer zu ignorieren. Auch ihre hohe Sensibilität kann sie verletzlich machen und dazu führen, dass sie sich von der Welt überfordert fühlen.

Schattenseiten

Die Schattenseiten der Zahl 9 können eine Tendenz zu dem Idealismus, Überempfindlichkeit und Schwierigkeiten mit der Realität sein. Menschen mit dieser Zahl können manchmal unrealistische Erwartungen an sich selbst oder andere haben und können dazu neigen, sich in Traumwelten zu verlieren. Ihre Sensibilität kann sie anfällig für Enttäuschungen und emotionalen Stress machen.

Spirituell

Spirituell gesehen streben Menschen mit der Zahl 9 nach innerem Frieden und einem tieferen Verständnis des Lebens. Sie sind oft auf der Suche nach einem höheren Ziel und einer Verbindung zu etwas Größerem als sich selbst. Ihre spirituelle Reise führt sie dazu, sich mit Themen wie Mitgefühl, Selbstlosigkeit und dem Streben nach Wahrheit auseinanderzusetzen.

Herzenswunsch und Seelenpfad

Der Herzenswunsch einer Person mit der Zahl 9 ist es, die Welt zu einem besseren Ort zu machen und einen bleibenden Einfluss auf das Leben anderer zu haben. Ihr Seelenpfad führt sie dazu, ihre Talente und Fähigkeiten zum Wohle der Menschheit einzusetzen und dabei ihre eigene Spiritualität und Kreativität zu fördern.

Schlüssel zum Glück und Erfolg

Der Schlüssel zum Glück und Erfolg für Menschen mit der Zahl 9 liegt in der Fähigkeit, ein Gleichgewicht zwischen Selbstlosigkeit und Selbstfürsorge zu finden. Indem sie lernen, ihre eigenen Bedürfnisse anzuerkennen und zu respektieren, können sie sowohl persönliche Erfüllung als auch einen positiven Einfluss auf die Welt ausüben.

Talent und Fähigkeiten

Menschen mit der Zahl 9 verfügen oft über starke kreative Talente, Empathie und eine ausgeprägte Intuition. Sie sind in der Lage, komplexe emotionale und soziale Probleme zu verstehen und Lösungen zu finden. Ihre Fähigkeit, sich in andere hineinzuversetzen, ermöglicht es ihnen, bedeutungsvolle Beziehungen aufzubauen und andere zu inspirieren.

Stärken

Mitgefühl: Sie haben ein tiefes Verständnis für die Gefühle anderer und sind bereit, zu helfen.

Kreativität: Sie sind oft kreativ und nutzen ihre Talente, um ihre Botschaften auszudrücken.

Toleranz: Sie sind offen und akzeptieren Menschen und deren Unterschiede.

Idealismus: Sie streben nach einer besseren Welt und setzen sich für soziale Gerechtigkeit ein.

Schwächen

Selbstaufopferung: Sie können dazu neigen, ihre eigenen Bedürfnisse zu ignorieren.

Überempfindlichkeit: Ihre Sensibilität kann sie anfällig für Verletzungen machen.

Unrealistische Erwartungen: Sie können manchmal zu idealistisch sein und Schwierigkeiten haben, mit der Realität umzugehen.

Schwierigkeiten mit Grenzen: Sie haben möglicherweise Probleme, ihre eigenen Grenzen zu setzen und sich abzugrenzen.

Die Zahl 9 in der Numerologie steht für Vollendung, Humanität und spirituelles Wachstum. Menschen mit dieser Zahl sind oft idealistisch und mitfühlend, was sie zu wertvollen Freunden und Partnern macht. Während sie viele Stärken haben, können auch Herausforderungen und Schattenseiten auftreten. Indem sie lernen, ein Gleichgewicht zwischen Selbstlosigkeit und Selbstfürsorge zu finden, können sie ein erfülltes und glückliches Leben führen.

11 - Die Meisterzahl der Intuition

In der Numerologie wird die Zahl 11 als Meisterzahl betrachtet, die für Intuition, Spiritualität und Erleuchtung steht. Sie symbolisiert die Fähigkeit, tieferes Wissen und Verständnis zu erlangen und andere auf ihrem Weg zur Selbstverwirklichung zu unterstützen. Menschen, die mit dieser Zahl verbunden sind, sind oft sehr sensibel, kreativ und spirituell orientiert.

Frau

Frauen mit der Zahl 11 sind häufig intuitiv, inspirierend und visionär. Sie haben die Fähigkeit, ihre tiefen Emotionen und Ideen auf eine Weise auszudrücken, die andere beeindruckt und motiviert. Ihre Sensibilität und Empathie erlauben es ihnen, die Bedürfnisse anderer zu erkennen und sie auf ihrem Weg zu unterstützen. Oft sind sie in der Lage, spirituelle und emotionale Wahrheiten zu erfassen, die anderen verborgen bleiben.

Mann

Männer, die mit der Zahl 11 verbunden sind, sind oft charismatisch, tiefgründig und intuitiv. Sie haben ein starkes Bedürfnis nach persönlichem Wachstum und sind auf der Suche nach einem höheren Sinn im Leben. Ihre Fähigkeit, komplexe Ideen zu verstehen und zu kommunizieren, macht sie zu wertvollen Gesprächspartnern und Führungspersönlichkeiten. Sie sind oft innovativ und neigen dazu, kreative Lösungen für Probleme zu finden.

Lebensweg

Der Lebensweg der Zahl 11 ist geprägt von der Suche nach spiritueller Erleuchtung und persönlichem Wachstum. Menschen auf diesem Lebensweg haben oft eine tiefere Verbindung zu ihrer Intuition und sind in der Lage, ihre inneren Wahrheiten zu erkennen. Sie sind oft dazu aufgerufen, andere auf ihrer spirituellen Reise zu unterstützen und ihnen zu helfen, ihre eigenen Potenziale zu entfalten.

Partnerschaft

In Beziehungen sind Personen mit der Zahl 11 oft leidenschaftlich, intuitiv und tiefgründig. Sie suchen nach emotionalen und spirituellen Verbindungen und schätzen Partner, die ihre sensiblen und kreativen Seiten verstehen. Ihre Fähigkeit, empathisch zu sein und die Bedürfnisse ihres Partners zu erkennen, trägt zu einer tiefen und bedeutungsvollen Beziehung bei. Dennoch müssen sie darauf achten, ihre eigenen Bedürfnisse nicht zu vernachlässigen.

Familie/Liebe

Familienmitglieder mit der Zahl 11 sind oft die emotionalen und spirituellen Führer der Familie. Sie bringen eine tiefe Perspektive in familiäre Beziehungen und sind oft die Anlaufstelle für Rat und Unterstützung. In der Liebe sind sie romantisch und idealistisch, was zu tiefen und bedeutungsvollen Bindungen führt. Sie sind oft bereit, für das Wohl ihrer Angehörigen zu kämpfen und deren Träume zu unterstützen.

Karriere

In der Berufswelt sind Menschen mit der Zahl 11 oft in kreativen oder spirituellen Berufen zu finden, die ihnen erlauben, ihre Intuition und ihre kreativen Talente auszudrücken. Sie sind oft in den Bereichen Kunst, Psychologie, Beratung oder Spiritualität tätig. Ihre Fähigkeit, komplexe Ideen zu verstehen und innovativ zu denken, ermöglicht es ihnen, in ihrem Beruf erfolgreich zu sein.

Herausforderungen

Die größten Herausforderungen für Menschen mit der Zahl 11 können in emotionaler Sensibilität und einem übermäßigen Bedürfnis nach Bestätigung liegen. Sie können dazu neigen, sich durch die Emotionen anderer überwältigt zu fühlen und Schwierigkeiten haben, ihre eigenen Grenzen zu setzen. Auch ihre hohen Ideale können manchmal zu Enttäuschungen führen, wenn sie nicht erfüllt werden.

Schattenseiten

Die Schattenseiten der Zahl 11 können übermäßige Sensibilität, Angst vor dem Scheitern und Schwierigkeiten mit der Realität sein. Menschen mit dieser Zahl können dazu neigen, sich in ihren eigenen Gedanken und Gefühlen zu verlieren und Schwierigkeiten haben, den Boden unter den Füßen zu behalten. Ihre Neigung, idealistisch zu sein, kann sie manchmal frustrieren, wenn die Realität nicht ihren Erwartungen entspricht.

Spirituell

Spirituell gesehen streben Menschen mit der Zahl 11 nach Erleuchtung und innerer Wahrheit. Sie sind oft auf der Suche nach einem tieferen Verständnis des Lebens und ihrer eigenen Spiritualität. Ihre Reise führt sie dazu, sich mit Themen wie Intuition, Meditation und persönlichem Wachstum auseinanderzusetzen.

Herzenswunsch und Seelenpfad

Der Herzenswunsch einer Person mit der Zahl 11 ist es, ihre innere Wahrheit zu erkennen und zu leben, während sie andere auf ihrem Weg zur Selbstverwirklichung unterstützt. Ihr Seelenpfad führt sie dazu, ihre kreativen und spirituellen Talente zu nutzen, um einen positiven Einfluss auf die Welt auszuüben.

Schlüssel zum Glück und Erfolg

Der Schlüssel zum Glück und Erfolg für Menschen mit der Zahl 11 liegt in der Fähigkeit, ihre Sensibilität zu akzeptieren und zu nutzen, während sie gleichzeitig lernen, gesunde Grenzen zu setzen. Indem sie sich auf ihre Intuition verlassen und ihre kreativen Talente voll ausschöpfen, können sie sowohl persönliche Erfüllung als auch einen positiven Einfluss auf andere ausüben.

Talent und Fähigkeiten

Menschen mit der Zahl 11 verfügen oft über starke intuitive Fähigkeiten, Kreativität und Empathie. Sie sind in der Lage, komplexe emotionale und spirituelle Themen zu erfassen und Lösungen zu entwickeln, die anderen helfen. Ihre Fähigkeit, sich in andere hineinzuversetzen, ermöglicht es ihnen, bedeutungsvolle Beziehungen aufzubauen und andere zu inspirieren.

Stärken

Intuition: Sie haben eine ausgeprägte Fähigkeit, subtile emotionale und spirituelle Wahrheiten zu erkennen.

Kreativität: Sie sind oft innovativ und bringen neue Ideen und Perspektiven ein.

Empathie: Sie haben ein tiefes Verständnis für die Gefühle anderer und sind bereit, Unterstützung zu leisten.

Charisma: Ihre Ausstrahlung und Sensibilität ziehen andere an und machen sie zu guten Führern.

Schwächen

Überempfindlichkeit: Sie können dazu neigen, sich von den Emotionen anderer überwältigt zu fühlen.

Schwierigkeiten mit Grenzen: Sie haben möglicherweise Probleme, ihre eigenen Grenzen zu setzen und sich abzugrenzen.

Angst vor dem Scheitern: Ihr Streben nach Perfektion kann sie daran hindern, Risiken einzugehen.

Idealismus: Ihre hohen Erwartungen können zu Enttäuschungen führen, wenn sie nicht erfüllt werden.

Die Zahl 11 in der Numerologie steht für Intuition, Spiritualität und Erleuchtung. Menschen mit dieser Zahl sind oft kreativ, empathisch und auf der Suche nach einem tieferen Verständnis des Lebens. Während sie viele Stärken haben, können auch Herausforderungen und Schattenseiten auftreten. Indem sie lernen, ihre Sensibilität zu akzeptieren und gesunde Grenzen zu setzen, können sie ein erfülltes und glückliches Leben führen.

22 - Die Meisterzahl des Aufbaus

In der Numerologie wird die Zahl 22 als Meisterzahl betrachtet, die für Vision, Planung und die Fähigkeit, große Träume in die Realität umzusetzen, steht. Sie wird oft als „Master Builder" bezeichnet und symbolisiert das Potenzial, bedeutende Veränderungen in der Welt zu bewirken. Menschen, die mit dieser Zahl verbunden sind, sind oft pragmatisch, zielstrebig und haben eine klare Vision für ihre Zukunft.

Frau

Frauen mit der Zahl 22 sind in der Regel sehr entschlossen, organisiert und visionär. Sie haben die Fähigkeit, große Pläne zu schmieden und diese mit einem klaren Fokus in die Tat umzusetzen. Ihre Führungskompetenzen und ihr Selbstvertrauen helfen ihnen, andere zu inspirieren und zu motivieren. Sie sind oft kreativ und können ihre Ideen auf praktische Weise umsetzen.

Mann

Männer, die mit der Zahl 22 verbunden sind, zeigen oft außergewöhnliche Führungsqualitäten und eine starke Entschlossenheit, ihre Ziele zu erreichen. Sie sind strategisch und realistisch, was ihnen hilft, in ihren Unternehmungen erfolgreich zu sein. Ihre Fähigkeit, langfristige Pläne zu entwickeln und diese systematisch umzusetzen, macht sie zu natürlichen Anführern und Innovatoren.

Lebensweg

Der Lebensweg der Zahl 22 ist geprägt von der Suche nach großem Erfolg und der Umsetzung von Visionen. Menschen auf diesem Lebensweg sind oft dazu berufen, Führungsrollen zu übernehmen und bedeutende Veränderungen in ihrer Umgebung herbeizuführen. Sie haben die Fähigkeit, große Ziele zu setzen und diese mit Entschlossenheit und Disziplin zu verfolgen.

Partnerschaft

In Beziehungen sind Personen mit der Zahl 22 oft loyal, engagiert und stabilisierend. Sie suchen nach Partnern, die ihre Ambitionen verstehen und unterstützen. Ihre Fähigkeit, klare Kommunikation und Planung in die Beziehung einzubringen, trägt zu einer stabilen und erfolgreichen Partnerschaft bei. Dennoch müssen sie darauf achten, nicht zu dominant oder kontrollierend zu wirken.

Familie/Liebe

Familienmitglieder mit der Zahl 22 sind oft die Stützen des Familienlebens. Sie übernehmen Verantwortung und sind bereit, für das Wohl ihrer Angehörigen zu sorgen. In der Liebe sind sie leidenschaftlich und ernsthaft, was zu tiefen und bedeutungsvollen Bindungen führt. Sie sind oft bereit, in ihre Beziehungen zu investieren und diese aktiv zu gestalten.

Karriere

In der Berufswelt sind Menschen mit der Zahl 22 oft in Führungs- oder Managementpositionen zu finden, wo sie ihre Visionen und Pläne umsetzen können. Sie sind oft in den Bereichen Architektur, Projektmanagement, Unternehmertum oder in sozialen und humanitären Organisationen tätig. Ihre Fähigkeit, strategisch zu denken und effektiv zu kommunizieren, ermöglicht es ihnen, erfolgreich zu sein.

Herausforderungen

Die größten Herausforderungen für Menschen mit der Zahl 22 können in einer Tendenz zur Überarbeitung und dem Druck liegen, große Erfolge zu erzielen. Sie können dazu neigen, sich selbst unter Druck zu setzen und Schwierigkeiten haben, sich zu entspannen. Auch können sie manchmal zu perfektionistisch sein, was zu Stress und Unzufriedenheit führen kann.

Schattenseiten

Die Schattenseiten der Zahl 22 können in einer Neigung zur Kontrolle, Überheblichkeit und Schwierigkeiten mit zwischenmenschlichen Beziehungen liegen. Menschen mit dieser Zahl können manchmal dazu neigen, sich von anderen zu isolieren oder ihre Emotionen zu unterdrücken. Ihre hohen Erwartungen an sich selbst und andere können zu Enttäuschungen führen.

Spirituell

Spirituell gesehen streben Menschen mit der Zahl 22 nach einem tieferen Verständnis ihrer Lebensaufgabe und ihrer Rolle in der Welt. Sie sind oft auf der Suche nach Wegen, ihre Visionen in Einklang mit ihrem spirituellen Wachstum zu bringen. Ihre Reise führt sie dazu, ihre inneren Überzeugungen zu erkennen und zu leben, während sie gleichzeitig nach positiven Veränderungen in der Welt streben.

Herzenswunsch und Seelenpfad

Der Herzenswunsch einer Person mit der Zahl 22 ist es, ihre Visionen in die Realität umzusetzen und einen bleibenden Einfluss auf die Welt auszuüben. Ihr Seelenpfad führt sie dazu, ihre Talente und Fähigkeiten zum Wohl der Menschheit einzusetzen und dabei ein erfülltes und bedeutungsvolles Leben zu führen.

Schlüssel zum Glück und Erfolg

Der Schlüssel zum Glück und Erfolg für Menschen mit der Zahl 22 liegt in der Fähigkeit, ein Gleichgewicht zwischen ihren Ambitionen und ihrem persönlichen Leben zu finden. Indem sie lernen, sich Zeit für Entspannung und Selbstfürsorge zu nehmen, können sie ihre Ziele mit einem klaren Kopf und einem offenen Herzen verfolgen.

Talent und Fähigkeiten

Menschen mit der Zahl 22 verfügen oft über starke organisatorische Fähigkeiten, strategisches Denken und eine ausgeprägte Vision. Sie sind in der Lage, komplexe Probleme zu analysieren und Lösungen zu entwickeln, die sowohl praktisch als auch innovativ sind. Ihre Fähigkeit, andere zu inspirieren und zu motivieren, macht sie oft zu effektiven Führungspersönlichkeiten.

Stärken

Visionär: Sie haben die Fähigkeit, große Pläne und Ideen zu entwickeln und diese in die Realität umzusetzen.

Entschlossenheit: Sie sind zielstrebig und geben nicht auf, bis sie ihre Ziele erreicht haben.

Führungsqualitäten: Sie sind natürliche Anführer, die andere inspirieren können.

Strategisches Denken: Sie sind in der Lage, langfristige Pläne effektiv zu entwickeln und umzusetzen.

Schwächen

Überarbeitung: Sie können dazu neigen, sich übermäßig auf ihre Ziele zu konzentrieren und persönliche Bedürfnisse zu vernachlässigen.

Perfektionismus: Ihre hohen Standards können zu Stress und Frustration führen.

Kontrolle: Sie können manchmal dazu neigen, zu dominant oder kontrollierend zu sein.

Schwierigkeiten mit Emotionen: Sie haben möglicherweise Probleme, ihre eigenen Gefühle zu erkennen und auszudrücken.

Die Zahl 22 in der Numerologie steht für Vision, Planung und die Fähigkeit, große Träume in die Realität umzusetzen. Menschen mit dieser Zahl sind oft pragmatisch, zielstrebig und haben das Potenzial, bedeutende Veränderungen in der Welt herbeizuführen. Während sie viele Stärken haben, können auch Herausforderungen und Schattenseiten auftreten. Indem sie lernen, ein Gleichgewicht zwischen ihren Ambitionen und ihrem persönlichen Leben zu finden, können sie ein erfülltes und glückliches Leben führen.

33 - Die Meisterzahl der Liebe

In der Numerologie wird die Zahl 33 als Meisterzahl betrachtet, die für bedingungslose Liebe, Mitgefühl und spirituelle Erleuchtung steht. Sie wird oft als „Master Teacher" bezeichnet und symbolisiert die Fähigkeit, andere auf ihrem Weg zur Selbstverwirklichung und zum inneren Wachstum zu unterstützen. Menschen, die mit dieser Zahl verbunden sind, sind oft sehr empathisch, kreativ und haben eine tiefe Verbindung zur Menschheit.

Frau

Frauen mit der Zahl 33 sind oft warmherzig, inspirierend und sehr intuitiv. Sie zeigen ein starkes Bedürfnis, anderen zu helfen und zur Verbesserung der Welt beizutragen. Ihre Fähigkeit, tief zu fühlen und sich in die Emotionen anderer hineinzuversetzen, macht sie zu natürlichen Beraterinnen und Unterstützerinnen. Sie sind oft kreativ und nutzen ihre Talente, um ihre Botschaften und Ideen auszudrücken.

Mann

Männer, die mit der Zahl 33 verbunden sind, sind in der Regel charismatisch, mitfühlend und visionär. Sie haben ein starkes Bedürfnis nach persönlichem und spirituellem Wachstum und sind oft auf der Suche nach einem höheren Sinn im Leben. Ihre Fähigkeit, komplexe emotionale und spirituelle Themen zu verstehen, macht sie zu wertvollen Gesprächspartnern und Mentoren. Sie sind oft kreativ und innovativ und bringen neue Perspektiven in ihre Projekte.

Lebensweg

Der Lebensweg der Zahl 33 ist geprägt von der Suche nach Erleuchtung und dem Streben, das eigene Leben und das Leben anderer zu bereichern. Menschen auf diesem Lebensweg sind oft dazu berufen, als Lehrer oder Führer zu agieren und anderen zu helfen, ihre Potenziale zu erkennen und zu entfalten. Sie sind oft mit sozialen oder humanitären Anliegen verbunden und setzen sich für die Verbesserung der Welt ein.

Partnerschaft

In Beziehungen sind Personen mit der Zahl 33 oft leidenschaftlich, verständnisvoll und unterstützend. Sie suchen nach tiefen emotionalen Verbindungen und schätzen Partner, die ihre sensiblen und kreativen Seiten verstehen. Ihre Fähigkeit, empathisch zu sein und die Bedürfnisse ihres Partners zu erkennen, trägt zu einer tiefen und bedeutungsvollen Beziehung bei. Dennoch müssen sie darauf achten, ihre eigenen Bedürfnisse nicht zu vernachlässigen.

Familie/Liebe

Familienmitglieder mit der Zahl 33 sind oft die emotionalen Stützen der Familie. Sie zeigen viel Fürsorge und Verständnis für die Bedürfnisse ihrer Angehörigen und sind bereit, sich für das Wohl ihrer Familie einzusetzen. In der Liebe sind sie romantisch und idealistisch, was zu tiefen und bedeutungsvollen Bindungen führt. Sie sind oft bereit, Kompromisse einzugehen, um Harmonie und Verständnis zu fördern.

Karriere

In der Berufswelt sind Menschen mit der Zahl 33 oft in Berufen zu finden, die Kreativität, Empathie und soziale Verantwortung erfordern. Sie sind oft in den Bereichen Kunst, Psychologie, Sozialarbeit oder Bildung tätig. Ihre Fähigkeit, sich in andere hineinzuversetzen und ihre kreativen Talente zu nutzen, macht sie zu wertvollen Mitgliedern in jedem Team.

Herausforderungen

Die größten Herausforderungen für Menschen mit der Zahl 33 können in der Neigung zur Selbstaufopferung und emotionalen Erschöpfung liegen. Sie können dazu neigen, ihre eigenen Bedürfnisse und Wünsche zugunsten anderer zu ignorieren. Auch ihre hohe Sensibilität kann sie verletzlich machen und dazu führen, dass sie sich von der Welt überfordert fühlen.

Schattenseiten

Die Schattenseiten der Zahl 33 können eine Tendenz zu dem Idealismus, Überempfindlichkeit und Schwierigkeiten mit der Realität sein. Menschen mit dieser Zahl können manchmal unrealistische Erwartungen an sich selbst oder andere haben und können dazu neigen, sich in Traumwelten zu verlieren. Ihre Sensibilität kann sie anfällig für Enttäuschungen und emotionalen Stress machen.

Spirituell

Spirituell gesehen streben Menschen mit der Zahl 33 nach innerem Frieden und einem tieferen Verständnis des Lebens. Sie sind oft auf der Suche nach einer höheren Verbindung zu sich selbst und zur Menschheit. Ihre spirituelle Reise führt sie dazu, sich mit Themen wie Mitgefühl, Selbstlosigkeit und dem Streben nach Wahrheit auseinanderzusetzen.

Herzenswunsch und Seelenpfad

Der Herzenswunsch einer Person mit der Zahl 33 ist es, die Welt zu einem besseren Ort zu machen und einen bleibenden Einfluss auf das Leben anderer zu haben. Ihr Seelenpfad führt sie dazu, ihre Talente und Fähigkeiten zum Wohle der Menschheit einzusetzen und dabei ihre eigene Spiritualität und Kreativität zu fördern.

Schlüssel zum Glück und Erfolg

Der Schlüssel zum Glück und Erfolg für Menschen mit der Zahl 33 liegt in der Fähigkeit, ein Gleichgewicht zwischen Selbstlosigkeit und Selbstfürsorge zu finden. Indem sie lernen, ihre eigenen Bedürfnisse anzuerkennen und zu respektieren, können sie sowohl persönliche Erfüllung als auch einen positiven Einfluss auf die Welt ausüben.

Talent und Fähigkeiten

Menschen mit der Zahl 33 verfügen oft über starke kreative Talente, Empathie und eine ausgeprägte Intuition. Sie sind in der Lage, komplexe emotionale und soziale Probleme zu verstehen und Lösungen zu finden. Ihre Fähigkeit, sich in andere hineinzuversetzen, ermöglicht es ihnen, bedeutungsvolle Beziehungen aufzubauen und andere zu inspirieren.

Stärken

Mitgefühl: Sie haben ein tiefes Verständnis für die Gefühle anderer und sind bereit, zu helfen.

Kreativität: Sie sind oft kreativ und nutzen ihre Talente, um ihre Botschaften auszudrücken.

Toleranz: Sie sind offen und akzeptieren Menschen und deren Unterschiede.

Idealismus: Sie streben nach einer besseren Welt und setzen sich für soziale Gerechtigkeit ein.

Schwächen

Selbstaufopferung: Sie können dazu neigen, ihre eigenen Bedürfnisse zu ignorieren.

Überempfindlichkeit: Ihre Sensibilität kann sie anfällig für Verletzungen machen.

Unrealistische Erwartungen: Sie können manchmal zu idealistisch sein und Schwierigkeiten haben, mit der Realität umzugehen.

Schwierigkeiten mit Grenzen: Sie haben möglicherweise Probleme, ihre eigenen Grenzen zu setzen und sich abzugrenzen.

Die Zahl 33 in der Numerologie steht für bedingungslose Liebe, Mitgefühl und spirituelles Wachstum. Menschen mit dieser Zahl sind oft idealistisch und mitfühlend, was sie zu wertvollen Freunden und Partnern macht. Während sie viele Stärken haben, können auch Herausforderungen und Schattenseiten auftreten. Indem sie lernen, ein Gleichgewicht zwischen Selbstlosigkeit und Selbstfürsorge zu finden, können sie ein erfülltes und glückliches Leben führen.

44 - Die Meisterzahl der Kraft

In der Numerologie wird die Zahl 44 als Meisterzahl betrachtet, die für praktische Spiritualität, Stabilität und den Aufbau von soliden Grundlagen steht. Sie wird oft als „Master Builder" bezeichnet und symbolisiert die Fähigkeit, Visionen in die Realität umzusetzen. Menschen, die mit dieser Zahl verbunden sind, sind oft äußerst diszipliniert, zielstrebig und haben eine klare Vorstellung davon, wie sie ihre Träume verwirklichen können.

Frau

Frauen mit der Zahl 44 sind in der Regel sehr kraftvoll, praktisch und organisiert. Sie haben die Fähigkeit, große Projekte zu planen und diese mit Entschlossenheit und Präzision umzusetzen. Ihre natürliche Führungskompetenz und ihr tiefes Verständnis für die Bedürfnisse anderer machen sie zu inspirierenden Vorbildern. Sie sind oft kreativ und nutzen ihre Talente, um ihre Visionen zu verwirklichen.

Mann

Männer, die mit der Zahl 44 verbunden sind, zeigen oft außergewöhnliche Führungsqualitäten, Entschlossenheit und eine starke Arbeitsmoral. Sie sind pragmatisch und strategisch, was ihnen hilft, in ihren Unternehmungen erfolgreich zu sein. Ihre Fähigkeit, langfristige Pläne zu entwickeln und diese erfolgreich umzusetzen, macht sie zu natürlichen Anführern und Innovatoren. Sie sind oft sehr loyal und setzen sich für ihre Werte ein.

Lebensweg

Der Lebensweg der Zahl 44 ist geprägt von der Suche nach materiellem und spirituellem Erfolg. Menschen auf diesem Lebensweg sind oft dazu berufen, als Führer oder Lehrer zu agieren und bedeutende Veränderungen in ihrer Umgebung herbeizuführen. Sie haben die Fähigkeit, große Ziele zu setzen und diese mit Entschlossenheit und Disziplin zu verfolgen, während sie gleichzeitig die Bedürfnisse anderer berücksichtigen.

Partnerschaft

In Beziehungen sind Personen mit der Zahl 44 oft loyal, engagiert und stabilisierend. Sie suchen nach Partnern, die ihre Ambitionen verstehen und unterstützen. Ihre Fähigkeit, klare Kommunikation und Planung in die Beziehung einzubringen, trägt zu einer stabilen und erfolgreichen Partnerschaft bei. Dennoch müssen sie darauf achten, nicht zu dominant oder kontrollierend zu wirken.

Familie/Liebe

Familienmitglieder mit der Zahl 44 sind oft die Stützen des Familienlebens. Sie übernehmen Verantwortung und sind bereit, für das Wohl ihrer Angehörigen zu sorgen. In der Liebe sind sie leidenschaftlich und ernsthaft, was zu tiefen und bedeutungsvollen Bindungen führt. Sie sind oft bereit, in ihre Beziehungen zu investieren und diese aktiv zu gestalten.

Karriere

In der Berufswelt sind Menschen mit der Zahl 44 oft in Führungs- oder Managementpositionen zu finden, wo sie ihre Visionen und Pläne umsetzen können. Sie sind oft in den Bereichen Architektur, Projektmanagement, Unternehmertum oder in sozialen und humanitären Organisationen tätig. Ihre Fähigkeit, strategisch zu denken und effektiv zu kommunizieren, ermöglicht es ihnen, erfolgreich zu sein.

Herausforderungen

Die größten Herausforderungen für Menschen mit der Zahl 44 können in einer Tendenz zur Überarbeitung und dem Druck liegen, große Erfolge zu erzielen. Sie können dazu neigen, sich selbst unter Druck zu setzen und Schwierigkeiten haben, sich zu entspannen. Auch können sie manchmal zu perfektionistisch sein, was zu Stress und Unzufriedenheit führen kann.

Schattenseiten

Die Schattenseiten der Zahl 44 können in einer Neigung zur Kontrolle, Überheblichkeit und Schwierigkeiten mit zwischenmenschlichen Beziehungen liegen. Menschen mit dieser Zahl können manchmal dazu neigen, sich von anderen zu isolieren oder ihre Emotionen zu unterdrücken. Ihre hohen Erwartungen an sich selbst und andere können zu Enttäuschungen führen.

Spirituell

Spirituell gesehen streben Menschen mit der Zahl 44 nach einem Gleichgewicht zwischen materiellem und spirituellem Erfolg. Sie sind oft auf der Suche nach Wegen, ihre Visionen in Einklang mit ihrem spirituellen Wachstum zu bringen. Ihre Reise führt sie dazu, die Bedeutung von Integrität und ethischem Handeln zu erkennen, während sie ihre Ziele verfolgen.

Herzenswunsch und Seelenpfad

Der Herzenswunsch einer Person mit der Zahl 44 ist es, ihre Visionen in die Realität umzusetzen und einen bleibenden Einfluss auf die Welt auszuüben. Ihr Seelenpfad führt sie dazu, ihre Talente und Fähigkeiten zum Wohl der Menschheit einzusetzen und dabei ein erfülltes und bedeutungsvolles Leben zu führen.

Schlüssel zum Glück und Erfolg

Der Schlüssel zum Glück und Erfolg für Menschen mit der Zahl 44 liegt in der Fähigkeit, ein Gleichgewicht zwischen ihren Ambitionen und ihrem persönlichen Leben zu finden. Indem sie lernen, sich Zeit für Entspannung und Selbstfürsorge zu nehmen, können sie ihre Ziele mit einem klaren Kopf und einem offenen Herzen verfolgen.

Talent und Fähigkeiten

Menschen mit der Zahl 44 verfügen oft über starke organisatorische Fähigkeiten, strategisches Denken und eine ausgeprägte Vision. Sie sind in der Lage, komplexe Probleme zu analysieren und Lösungen zu entwickeln, die sowohl praktisch als auch innovativ sind. Ihre Fähigkeit, andere zu inspirieren und zu motivieren, macht sie oft zu effektiven Führungspersönlichkeiten.

Stärken

Visionär: Sie haben die Fähigkeit, große Pläne und Ideen zu entwickeln und diese in die Realität umzusetzen.

Entschlossenheit: Sie sind zielstrebig und geben nicht auf, bis sie ihre Ziele erreicht haben.

Führungsqualitäten: Sie sind natürliche Anführer, die andere inspirieren können.

Strategisches Denken: Sie sind in der Lage, langfristige Pläne effektiv zu entwickeln und umzusetzen.

Schwächen

Überarbeitung: Sie können dazu neigen, sich zu sehr auf ihre Arbeit zu konzentrieren und persönliche Bedürfnisse zu vernachlässigen.

Perfektionismus: Ihre hohen Standards können zu Stress und Frustration führen.

Kontrolle: Sie können manchmal dazu neigen, zu dominant oder kontrollierend zu sein.

Schwierigkeiten mit Emotionen: Sie haben möglicherweise Probleme, ihre eigenen Gefühle zu erkennen und auszudrücken.

Die Zahl 44 in der Numerologie steht für praktische Spiritualität, Stabilität und den Aufbau von soliden Grundlagen. Menschen mit dieser Zahl sind oft diszipliniert, zielstrebig und haben das Potenzial, bedeutende Veränderungen in der Welt herbeizuführen. Während sie viele Stärken haben, können auch Herausforderungen und Schattenseiten auftreten. Indem sie lernen, ein Gleichgewicht zwischen ihren Ambitionen und ihrem persönlichen Leben zu finden, können sie ein erfülltes und glückliches Leben führen.

Die Bedeutung der einzelnen Zahlen

1. Die Zahl des Neuanfangs

Eigenschaften: Individualität, Unabhängigkeit, Führungsqualitäten.

Stärken: Selbstbewusstsein, Kreativität, Zielstrebigkeit.

Herausforderungen: Egoismus, Schwierigkeiten in zwischenmenschlichen Beziehungen.

2. Die Zahl der Dualität

Eigenschaften: Partnerschaft, Harmonie, Sensibilität.

Stärken: Empathie, Diplomatie, Teamfähigkeit.

Herausforderungen: Unsicherheit, Abhängigkeit, Schwierigkeiten bei Entscheidungen.

3. Die Zahl der Kreativität

Eigenschaften: Lebensfreude, Kommunikation, Kreativität.

Stärken: Geselligkeit, Ausdrucksfähigkeit, Optimismus.

Herausforderungen: Unbeständigkeit, Überempfindlichkeit.

4. Die Zahl der Stabilität

Eigenschaften: Struktur, Disziplin, Zuverlässigkeit.

Stärken: Praktische Fähigkeiten, Disziplin, Verantwortungsbewusstsein.

Herausforderungen: Starrheit, Perfektionismus.

5. Die Zahl des Wandels

Eigenschaften: Freiheit, Abenteuer, Veränderung.

Stärken: Anpassungsfähigkeit, Neugier, Charisma.

Herausforderungen: Unbeständigkeit, Impulsivität.

6. Die Zahl der Fürsorge

Eigenschaften: Liebe, Familie, Verantwortung.

Stärken: Empathie, Fürsorglichkeit, Teamfähigkeit.

Herausforderungen: Selbstaufopferung, Perfektionismus.

7. Die Zahl der Intuition

Eigenschaften: Spiritualität, Introspektion, Weisheit.

Stärken: Intelligenz, analytisches Denken, Loyalität.

Herausforderungen: Selbstisolation, Zynismus.

8. Die Zahl des Erfolgs

Eigenschaften: Macht, Erfolg, materielle Errungenschaften.

Stärken: Führungsqualitäten, Entschlossenheit, strategisches Denken.

Herausforderungen: Überarbeitung, Dominanz.

9. Die Zahl der Humanität

Eigenschaften: Idealismus, Humanität, Mitgefühl.

Stärken: Empathie, Altruismus, Kreativität.

Herausforderungen: Überempfindlichkeit, Schwierigkeiten, die eigenen Bedürfnisse zu erkennen.

Die Meisterzahlen **11, 22, 33, 44** haben eine besondere Bedeutung in der Numerologie und stehen für höhere spirituelle Lektionen und Aufgaben. Sie sind nicht weiter reduzierbar und zeigen oft außergewöhnliche Begabungen oder Herausforderungen an.

Die Numerologie bietet einen spannenden Ansatz zur Selbstentdeckung und zur Analyse unserer Lebenswege. Indem wir die Bedeutung unserer Lebenszahlen verstehen, können wir tiefere Einblicke in unsere Stärken, Herausforderungen und Lebensziele gewinnen.

Nutzen Sie diese Erkenntnisse, um Ihre persönliche Entwicklung zu fördern und ein erfülltes Leben zu gestalten.

DANKE!